低炭素社会構築に向けた不動産の環境分野への取組み
環境不動産入門

財団法人 日本不動産研究所 編著

住宅新報社

出版にあたって

「今日の緑を守り、明日の緑を育てよう」

これは、当研究所初代理事長 櫛田光男の言葉です。

櫛田理事長（当時）は、不動産の本質を「土地と人間との関係の体現者」であると認識し、自然物である土地は人間社会の発展の源泉であると恩恵の念を深く抱き、自然（土地、そして緑）を大切にしようとのメッセージを発信していたと思います。

当研究所は2009年に創立50周年を迎えましたが、半世紀以上前から、すでに自然という環境問題に目を向け、不動産の研究に取り組んできたことになります。

特定事業部は2009年6月に、住宅新報社から『不動産評価の新しい潮流』という本を発刊いたしました。これは創立50周年記念企画として、3つのプロジェクト室と9つの専門チームの不動産評価技術を紹介したものです。

3つのプロジェクト室の一つである「環境プロジェクト室」は、2003年に設置されました。不動産証券化の進展や海外不動産投資家の参入とともに、日本の不動産マーケットにおいてもデュー・ディリジェンスが意識され始め、土壌汚染やアスベストなどの環境リスク評価がビジネスとして成り立つのではないかという予測によるものでした。おかげさまで当室は、当研究所にとってなくてはならない位置づけになりました。

2008年秋には、当研究所内に「環境不動産」をテーマにした2つの研究会がスタートしました。一つは、株式会社竹中工務店と一緒に「環境性能に着目した不動産評価」の研究を行う「建物評価共同研究会」であり、もう一つは「CO_2吸収量に着目した森林の評価」の研究を行う「CO_2研究会」です。2009年11月30日には東京大手町サンケイプラザのホールにおいて両テーマでセミナーを開催したところ、多くの方のご参加と、大きな反響をいただきました。

本書は、当研究所の職員有志が、両研究会の研究成果をベースとして、土壌汚染・アスベスト等の最新動向を加えて取りまとめたものです。

　最後に、本書を取りまとめるにあたり、大変貴重なアドバイスをいただきました株式会社竹中工務店の山香祥一郎様、高井啓明様ほか「建物評価共同研究会」の方々、ヒアリングや建物見学等にご協力をいただきました不動産投資家・官公庁・金融機関・有識者の方々、そして、出版にご尽力いただきました住宅新報社　実務図書編集部の方々に深く感謝申し上げます。

　本書が不動産の環境意識の向上に役立つことになれば幸甚に存じます。

　2010年6月

財団法人日本不動産研究所
特定事業部長　小林　信夫

出版にあたって……………………………………………………………… 1

第1章　はじめに

バブル景気崩壊に続いた環境リスクの顕在化………………………… 8
温室効果ガス排出量の推移……………………………………………… 9
温室効果ガス排出量の削減目標………………………………………… 11
低炭素社会に向けた不動産価格のあり方……………………………… 12
本書のねらいと構成……………………………………………………… 13

第2章　低炭素社会と不動産

第1節　低炭素社会に向けた地球温暖化対策の動き……………………… 16
　　　　京都議定書目標達成計画………………………………………… 16
　　　　80％削減のためのビジョン　 …………………………………… 17
　　　　地球温暖化対策基本法案………………………………………… 17
　　　　　コラム　建物用途別のエネルギー消費の傾向………………… 18
　　　　不動産関連分野へのエネルギー規制の強化…………………… 19
　　　　　コラム　不動産売買時点の排出量の精算……………………… 20
　　　　　コラム　マンション環境性能表示・住宅性能表示…………… 20
　　　　　コラム　省エネルギー性能評価書……………………………… 21
　　　　森林の間伐等の促進……………………………………………… 22
　　　　カーボン・オフセット…………………………………………… 23
　　　　オフセット・クレジット（J-VER）制度………………………… 24
　　　　排出量取引………………………………………………………… 25

第2節　不動産市場の環境性能に対する認識……………………………… 26
　　　　2008年10月時点の不動産投資家の認識 ………………………… 26
　　　　2009年4月時点の不動産投資家の認識 ………………………… 27

2009年夏・秋時点の不動産賃貸市場関係者の認識 …………… 36
　　　不動産市場の環境認識のまとめ…………………………………… 40
　　　　コラム　「環境配慮」って何ですか？ ………………………… 41

第3節　個人・自治体・企業の地球温暖化に対する認識………………… 42
　　　個人の地球温暖化に対する認識…………………………………… 42
　　　森林の維持管理に対する国民の最大支払い意思額……………… 45
　　　自治体のJ-VER制度に対する認識………………………………… 49
　　　排出量取引に係る企業の現状認識………………………………… 53
　　　意識調査結果のまとめ……………………………………………… 56
　　　　コラム　CSRやSRIに対する機関投資家の意識 ……………… 57

第4節　建物の省エネルギー・省資源への取組み……………………… 59
　　　不動産の環境性能への注目………………………………………… 59
　　　自主的な環境配慮の動き…………………………………………… 59
　　　建物の環境性能評価の動き………………………………………… 62
　　　自治体版CASBEE（建築物環境計画書制度）…………………… 65
　　　東京都の建築物環境計画書制度…………………………………… 68
　　　　コラム　排出量取引の不動産経営への影響…………………… 70

第5節　不動産価格のシミュレーション………………………………… 71
　　　　コラム　テナント属性等は不動産の価格形成要因か？……… 76

第6節　森林評価からみた今後の課題…………………………………… 77
　　　森林の現状…………………………………………………………… 77
　　　林家の現状…………………………………………………………… 77
　　　山林素地及び山元立木価格調……………………………………… 78
　　　林地価格の動向（山林素地価格）………………………………… 79
　　　立木価格の動向（山元立木価格）………………………………… 81
　　　林地評価……………………………………………………………… 83
　　　立木評価……………………………………………………………… 83

　　　　林業採算性の検証……………………………………………………… 86
　　　　今後の課題……………………………………………………………… 87

　第7節　森林のCO2吸収効果に着目した取組み ……………………………… 89
　　　　森林の多面的機能と社会システムのあり方………………………… 89
　　　　オフセット・クレジット（J-VER）制度の森林吸収系プロジェクト… 92
　　　　　コラム　カーボン・オフセットの社会的背景の変化……………… 93

第3章　環境リスクと不動産

　第1節　土壌汚染対策の新たな展開…………………………………………… 96
　　　　CRE戦略や担保評価における土壌汚染の重要性　………………… 96
　　　　土壌汚染調査・対策事例の現状……………………………………… 97
　　　　不動産市場における土壌汚染の定義………………………………… 99
　　　　不動産鑑定評価における土壌汚染の定義…………………………… 100
　　　　　コラム　自然的原因による汚染と「もらい汚染」……………… 101
　　　　不動産鑑定士による土壌汚染の可能性の推定（独自調査）……… 102
　　　　土壌汚染リスクの定量化の必要性…………………………………… 102
　　　　土壌汚染調査の手順…………………………………………………… 103
　　　　概算浄化費用の算定…………………………………………………… 105
　　　　既往の土壌汚染調査・対策報告書の確認…………………………… 105
　　　　土壌汚染調査結果等の公開・引継ぎ………………………………… 106
　　　　土壌汚染リスクを反映した不動産鑑定評価の考え方……………… 106
　　　　ケーススタディ………………………………………………………… 107
　　　　土壌汚染対策法の改正………………………………………………… 109

　第2節　アスベスト対策の留意点とその対応………………………………… 111
　　　　アスベスト規制等の主な経緯………………………………………… 111
　　　　建物環境リスクへの取組みの必要性………………………………… 111
　　　　分析方法等の頻繁な改正……………………………………………… 113

	対策費用の把握と鑑定評価額への反映……………………	115
第3節	資産除去債務に関する会計基準への対応…………………………	117
	資産除去債務に関する会計基準の適用……………………	117
	資産除去債務と土壌汚染…………………………………	119
	資産除去債務とアスベスト………………………………	119
	コラム　原状回復について………………………………	120

第4章　環境不動産評価に向けた提言

第1節	地球環境に配慮した不動産の鑑定評価……………………………	122
	地球環境に配慮した不動産への期待………………………	122
	不動産市場の認識と鑑定評価………………………………	123
	コラム　公園緑地がオフィスビルの不動産価値に与える影響…	124
第2節	森林のCO2吸収・固定量に着目した森林評価 …………………	126
第3節	環境リスクを考慮した不動産の鑑定評価…………………………	129
	改正土壌汚染対策法の不動産鑑定評価への影響…………	129
	今後の土壌汚染対策のあり方………………………………	130
	環境リスクの顕在化…………………………………………	131
参考資料…………………………………………………………………………		132
	東京都の温室効果ガス排出総量削減義務と排出量取引制度の概要…	132
用語索引…………………………………………………………………………		136

第1章

はじめに

バブル景気崩壊に続いた環境リスクの顕在化

　我が国では、土地神話に支えられた価格上昇に隠れて見逃されがちであった不動産リスクが、1980年代後半から1990年代初頭のバブル景気の崩壊後に一挙に顕在化した。外資系不動産投資家の日本参入や不動産証券化の導入（1998年に法施行、2001年に不動産投資信託開始）とともに欧米流の物件精査の考え方が持ち込まれ、投資家が投資対象不動産を事前に詳しく調査する「デュー・ディリジェンス」が一般化した。

　デュー・ディリジェンスでは、権利関係や建物や設備等の状態だけでなく、環境分野の対応にも調査が及ぶ。土壌汚染対策やアスベスト対策は、多額の費用を要する「環境リスク」である。

図表1　環境リスク等をめぐる我が国の動き（年表）

2001年	■エンジニアリング・レポート作成に係るガイドライン公表（BELCA） ■日本版不動産投資信託（J-REIT）初上場 ■土壌環境基準改正（ふっ素・ほう素追加）
2002年	
2003年	■不動産鑑定評価基準改正（収益性重視・説明責任強化） ■土壌汚染対策法施行　■東京都環境確保条例施行
2004年	■改正労働安全衛生法施行（石綿含有量1%超の建材等の製造等禁止）
2005年	■工場周辺住民のアスベスト被害が顕在化
2006年	■油汚染対策ガイドライン制定 ■改正建築基準法等施行（建築物へのアスベスト使用禁止） ■アスベストの含有量基準強化（1%→0.1%）
2007年	■不動産鑑定評価基準改正（証券化対象不動産の評価基準明確化） ■エンジニアリング・レポート作成に係るガイドライン改訂（BELCA） ■米国で住宅ローン破綻
2008年	■アスベスト分析調査の対象を6種類に徹底する通達（厚生労働省） ■資産除去債務に関する会計基準公表 ■米国大手投資銀行破産申請　■J-REIT初の破綻
2009年	
2010年	■改正土壌汚染対策法施行（調査契機拡大など）

土壌汚染については、2003年に施行された土壌汚染対策法により不動産市場の認識が高まった。

建物へのアスベスト使用についても、2005年頃に工場周辺住民への健康被害が明らかになったことや、建築基準法の改正（2006年施行）による使用禁止等を受けて、社会的にも関心が高まった。

2010年4月には、土壌汚染対策法の改正法が施行されて、合理的な土壌汚染対策の推進等が図られた。また、固定資産の除去に関する将来負担を財務諸表に反映することが投資判断に役立つことや、我が国の会計基準と国際会計基準とのコンバージェンス（収斂）のため、同月以降に開始される事業年度から企業会計に資産除去債務が導入されている（図表 1）。

温室効果ガス排出量の推移

我が国では1970年代の2度の石油ショックを契機として省エネルギー化が進み、1980年代後半までエネルギー需要はほぼ横ばいであったが、その後、エネルギー需要は再び増加に転じている。

部門別の温室効果ガスの排出量は、産業部門は1990年比13％減、運輸部門は9％増であるが、業務その他部門は41％増、家庭部門は35％増と大幅に増えている（図表 2）。実数は業務その他部門が運輸部門に迫っている（図表 3）。

業務その他部門の排出量の増加は、事務所や小売店舗などの延床面積の増加、空調・照明設備の増加、オフィスのOA化の進展による電力等のエネルギー消費の増加等が原因であり、家庭部門の排出量の増加は、家庭用機器の大型化・多様化等によるエネルギー消費量の増加、世帯数の増加等が原因である。ただし、業務その他部門・家庭部門ともに、床面積当たりや世帯当たりでみた効率は、むしろ改善されている。

なお、2008年度の排出量の減少は、景気後退に伴うものである。

図表2　日本の温室効果ガス排出量（1990年比）

出典：国立環境研究所（2008年は速報値）

図表3　日本の温室効果ガス排出量（実数）

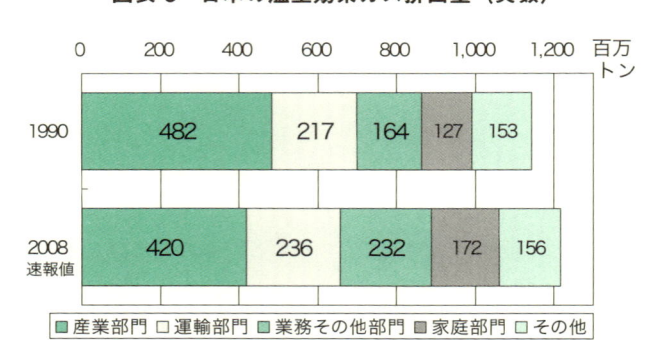

年	産業部門	運輸部門	業務その他部門	家庭部門	その他
1990	482	217	164	127	153
2008速報値	420	236	232	172	156

出典：国立環境研究所（2008年は速報値）

　これらの数値を根拠として、民生部門（業務その他部門・家庭部門）は産業部門に比べて省エネルギー化が遅れているということで、省エネルギー規制等が強化されている。

温室効果ガス排出量の削減目標

　1997年に採択された京都議定書で、我が国は第1約束期間である2008年〜 2012年に温室効果ガスを6％削減することが定められた。近年では、2007年に安倍晋三首相（当時）が「自然界における温室効果ガス吸収量と排出量を同等にする」という提言を行うなど（図表 4）、低炭素社会の実現に向けた取組みが進められている。

　2008年7月のG8北海道洞爺湖サミットでは、2050年までに世界全体の温室効果ガス排出量を少なくとも半減するという長期目標について、気候変動枠組条約の全締結国と共有し採択を求めることなどを盛り込んだ首脳宣言がまとめられた。

　2009年7月のG8ラクイラ・サミット（イタリア）では、長期目標を再確認するとともに、先進国全体として、2050年までに80％またはそれ以上削減するとの目標を支持することが合意された。

　2009年12月にデンマークのコペンハーゲンで開催された気候変動枠組条約第15回締約国会議（COP15）では、産業化以前からの気温上昇を2度以内に抑えること、先進国が共同で資金支援を行うこと（2010年〜2012年の間に300億ドル、2020年までには年間1,000億ドル）等の内容を柱とする「コペンハーゲン合意」が作成された。この合意は一部の国の反対により採択には至らなかったものの、日本政府は2010年1月、すべての主要国による公平かつ実効性のある国際枠組みの構築及び意欲的な目標の合意を前提に、1990年比で25％削減という目標を条約事務局に提出している。

　2010年3月には、これらの中長期目標が明記された地球温暖化対策基本法案が閣議決定されている。

図表 4　我が国の温室効果ガス削減に関する最近の取組み

- **2007年5月：美しい星へのいざない（「Invitation to "Cool Earth 50"」）**
  - 2050年までに世界全体の温室効果ガス排出量を半減し、自然界における吸収量見合いとする（国際交流会議アジアの晩餐での安倍総理の演説）
- **2008年7月：洞爺湖サミット**
  - 2050年までに我が国の温室効果ガスを現状から60％〜80％削減
- **2008年7月：低炭素社会づくり行動計画**（7月29日閣議決定）
  - 2050年までに我が国の温室効果ガスを現状から60％〜80％削減
- **2008年10月：排出量取引の国内統合市場の試行的実施及び国内クレジット制度の開始**
- **2009年6月：地球温暖化対策の推進に関する法律**
  - 6月23日公布・施行
  - 温室効果ガス排出量の算定・報告・公表制度の報告単位が、事業所単位から事業者・フランチャイズチェーン単位へと変更
- **2009年6月：麻生首相温室効果ガス削減目標発表**
  - 2020年までに2005年比15％削減の中期目標と、2050年までに現状比で60％〜80％削減
- **2009年9月：地球温暖化問題に関する閣僚委員会で中期目標決定**
  - 鳩山内閣、2020年までに1990年比25％削減の中期目標の方針確定

低炭素社会に向けた不動産価格のあり方

　不動産の環境性能向上の取組みは、規制強化よりも対応が遅れれば、環境リスクとして価格が下がる要因となり得るし、規制強化に先行していることが自主的な環境対応として評価されれば、価格が上がる要因となり得る。

　ただ、不動産価格は「市場価値」を金額で表示したものであるので、実際の価格が上がるか下がるかは、不動産市場での認識次第である。

　実際に、1970年代の石油危機の頃から省エネルギー対策・長寿命化・緑化・リサイクルなどの環境性能向上は自社ビルや公共施設などを中心に注目されていたものの、不動産価格にはあまり反映されなかった。むしろ、2000年代に注目を集めた土壌汚染やアスベスト等の環境リスクのほうが、不動産市場では早く重視されたように思われる。

　しかし、温室効果ガス削減諸制度の創設・改正や、CSR（企業の社会的責任）の重視、環境税（地球温暖化対策税）導入などの動きのなかで、建物の環境性能が重視されつつあり、森林のCO2吸収機能に注目した森林

整備への関心も高まるなど、低炭素社会に向けて、不動産の環境性能への関心は高まっている。

本書のねらいと構成

　土地や建物、自然環境は、人々の生活と活動とに欠くことのできない基盤であり、低炭素社会構築に向けて、不動産関係者だけでなく一般市民が不動産の環境性能に関して広く共通の認識を得ることの意義は大きい。

　そこで本書は、不動産の環境分野に関する最新情報と基礎知識を平易に解説することに努めるとともに、不動産評価の考え方なども紹介することにより、不動産の環境意識の向上を図ることをねらいとしている。

　本書の構成は、まず、我が国で不動産の環境リスクが顕在化した経緯や低炭素社会に向けた目標等を紹介し（第1章）、次に、不動産の環境性能に対する市民や市場の認識・建物や森林の環境性能に着目した活動を紹介し、不動産価格への影響を検討する（第2章）。そして土壌汚染対策や資産除去債務などの環境リスクに関する新たな展開にも触れて（第3章）、最後に環境不動産評価に向けた提言をまとめている（第4章）。

第 2 章

低炭素社会と不動産

第1節　低炭素社会に向けた地球温暖化対策の動き

京都議定書目標達成計画

　地球温暖化対策推進法に基づく京都議定書目標達成計画（2005年4月策定、2008年3月全面改定）では、国が率先的に全国の国の庁舎において太陽光発電、建物緑化、ESCO（エスコ：省エネルギーの提案、施設の提供、維持・管理など包括的なサービス）等のグリーン化を集中的に推進することとされている。

　また、業務部門・家庭部門は、建築物・設備・機器等の省CO_2化のために、以下の施策を行うこととされている。
- ○　住宅・建築物の省エネルギー性能の向上
- ○　緑化等ヒートアイランド対策による熱環境改善を通じた都市の低炭素化
- ○　エネルギー管理システムの普及
- ○　トップランナー基準に基づく機器の効率向上
- ○　高効率な省エネルギー機器の開発・普及支援

　これらの施策には、省エネルギー法の改正（建築物に係る省エネルギー措置の届出等の義務付けの対象について、一定の中小規模の建築物へ拡大するとともに、大規模な建築物に係る担保措置を強化する）、CASBEE（建築環境総合性能評価システム）の充実・普及、ESCOを活用した省エネルギー機器・設備の導入等促進が含まれている。

80％削減のためのビジョン

2009年8月、斉藤鉄夫環境相（当時）は「温室効果ガス2050年80％削減のためのビジョン」を発表した。同ビジョンでは、我が国が2050年までに温室効果ガスを80％削減することは可能であり、達成すべきであるとして、住宅・オフィスについては、高断熱住宅・省エネ建築物、低炭素型給湯器（電気ヒートポンプ、燃料電池コジェネレーション、太陽熱温水器）、HEMS・BEMS（住宅・ビルエネルギーマネジメントシステム）の普及などの対策が掲げられている。

地球温暖化対策基本法案

2010年3月、地球温暖化対策基本法案が閣議決定された。

この法案では、温室効果ガスの排出量について、すべての主要国による公平かつ実効性のある国際的な枠組みの構築及び意欲的な目標の合意を前提として、2020年までに1990年比で25％削減すること、2050年までに1990年比で80％を削減すること等が明記されている。また、再生可能エネルギーの供給量が一次エネルギー供給量に占める割合を、2020年までに10％に達するようにするとしている。

基本的施策としては、国内排出量取引制度の創設、地球温暖化対策のための税の検討その他の税制全体の見直し、再生可能エネルギーに係る全量固定価格買取制度の創設という主要な3つの制度の構築等を掲げている。国内排出量取引制度については、企業ごとの排出量を決める総量規制を基本とした上で、生産量当たりの排出量に上限を設ける原単位規制も今後検討するとしている。

❁ コラム ❁

建物用途別のエネルギー消費の傾向

　床面積当たりのエネルギー消費量（建物のエネルギー消費原単位）は、建物の用途により大きく異なる（図表5）。事務所は学校や庁舎よりは多く、スーパー、ホテル、病院、デパートよりは少ない。

　建物には個別性があり、また用途が複合しているものもあることから、建物の原単位把握は容易ではない。

　また、用途別に見ると（図表6）、事務所は、熱源と空調あるいは照明とコンセントで全体の85％を占める。GMS（総合スーパー）は、冷蔵・冷凍に全体の約10％が使われるという特徴がある。ホテルは、24時間稼働することと給湯が多いことが特徴である。百貨店は、熱源、空調、照明、コンセントで8割、その他が2割であり、GMSと比べると冷蔵・冷凍の占める割合が小さい（冷蔵・冷凍、給湯は、図表6では「その他」に含む）。

　なお、事務所ビルは、事務所専有部分はビル全体面積の約5割だが、全体の約6割のエネルギーを消費するので、今後のエネルギー削減は、事務所専有部分がターゲットになることから、テナントの協力も必要になる。

図表5　床面積当たりのエネルギー消費量

用途	平均エネルギー消費原単位（MJ/m2・年）
学校	1494
庁舎	1489
集会所	2080
事務所	2303
スーパー	2998
ホテル	3167
病院	3371
デパート	3451

財団法人省エネルギーセンター調べ

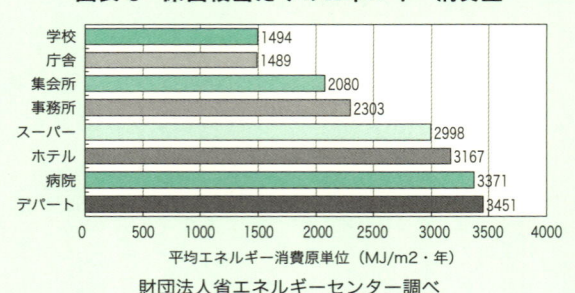

図表6　用途別エネルギー消費割合

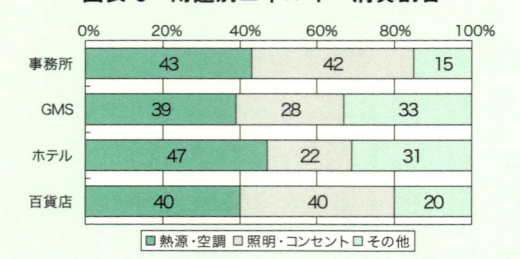

	熱源・空調	照明・コンセント	その他
事務所	43	42	15
GMS	39	28	33
ホテル	47	22	31
百貨店	40	40	20

財団法人省エネルギーセンター調べ

不動産関連分野へのエネルギー規制の強化

　京都議定書の第1約束期間（2008年〜2012年）における日本の温室効果ガス排出量削減目標（1990年比▲6％）を達成するためには、民生部門の対策の抜本的強化が必要とされ、2008年に改正された省エネルギー法では、エネルギー管理の単位が「工場・事業場単位」から「企業単位」に強化されて、小規模店舗を多数持つ企業が対象に加わるなど、民生部門の省エネルギー対策が強化された（2009年・2010年に施行）。

　東京都は、環境確保条例（都民の健康と安全を確保する環境に関する条例）の改正により、大規模事業所に対する温室効果ガス排出総量削減義務と排出量取引制度を2010年度から導入しており、原油換算で年間1,500kl以上のエネルギーを消費する建物（約1,400棟）は、5年間で平均8％（地域冷暖房等を多く利用している事業所や工場等は6％）、次の5年間で平均17％の排出総量の削減が義務付けられている（図表7）。自らの事業所で削減対策を実施するか、他者が実施した削減対策による削減量の取得（排出権取引による取得）を行わない場合には、罰則も設けられている。

図表7　東京都の排出総量削減義務

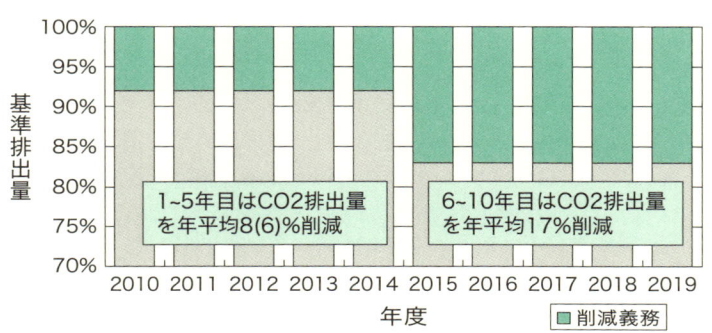

エネルギー消費量年1,500kl以上の事業所が対象

1〜5年目はCO2排出量を年平均8(6)％削減

6〜10年目はCO2排出量を年平均17％削減

❋ コラム ❋

不動産売買時点の排出量の精算

　2010年度から導入された東京都の排出総量削減義務は、自らの削減が目標値に達しない場合は排出量を購入する必要があり、それにより排出量取引が発生するのが特徴である。

　5年分の義務を負うのは6年度目末の建物の所有者であり、途中で所有者が変わる場合には売買当事者間で排出量の精算が必要になる。

　そこで、建物ごとの排出量の把握が必要になるが、建物ごとの排出量の公開は、第三者の検証を受けてからになるので、翌年度末となる。また、各建物の排出量口座の残高は建物所有者のみに開示されるので、買い手は自ら残高を確認することはできない。

　排出総量削減義務を負う建物の売買の際には、どのように排出量を把握して精算をするのかが、課題になるだろう。

❋ コラム ❋

マンション環境性能表示・住宅性能表示

　環境性能の「見える化」により利用者の認知度や市場での評価を高め、建築主の自主的な環境配慮を促す取組みのひとつに、マンション環境性能表示がある。星（★）の数に応じた優遇を行う住宅ローンも販売されている。

　東京都のマンション環境性能表示は2005年10月に始まり、現在では大規模な新築または増築マンションの間取り図のある広告（新聞折込、ダイレクトメール、インターネット含む）に、①建物の断熱性、②設備の省エネ性、③太陽光発電・太陽熱、④建物の長寿命化、⑤みどりの5つの環境性能を示すラベルの表示が義務付けられている（図表8）。

　環境性能は星印（★）の数3つで表示され、都のホームページで公表されるほか、建築主は、買ったり借りたりしようとする人に対する説明に努めることとされている。表示義務は、広告が終了するか、工事完了日の翌日から1年を経過するかのいずれか早い時期まで続く。

図表 8　東京都マンション環境性能表示

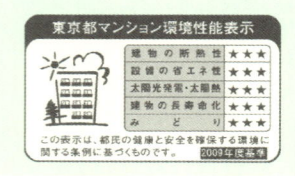

この制度の対象となるのは、建築物環境計画書の提出を行った建築物のうち、マンション用途の延床面積が2,000㎡以上の分譲または賃貸マンションである。建築物環境計画書の提出は、延べ面積1万㎡を超える新築・増築に義務付けられているが、2010年10月からは延べ面積5,000㎡を超える新築・増築に提出義務が拡大されるとともに、延べ面積2,000㎡を超える新築・増築で任意提出ができるようになる。

　他都市では、川崎市に分譲共同住宅環境性能表示制度が、横浜市に建築物環境性能表示制度がある。

　また、住宅の性能を示す制度としては、住宅の品質確保の促進等に関する法律（品確法）に基づく住宅性能表示制度がある。住宅性能表示制度は、①構造の安定、②火災時の安全、③劣化の軽減、④維持管理への配慮、⑤温熱環境、⑥空気環境、⑦光・視環境、⑧音環境、⑨高齢者等への配慮、⑩防犯の10項目について、登録住宅性能評価機関が申請に基づき評価を行うものである。

　住宅性能評価には、設計図書の段階の評価結果をまとめたもの（設計住宅性能評価）、施工段階と完成段階の検査を経た評価結果をまとめたもの（建設住宅性能評価）の2種類がある。

　長期優良住宅認定基準や住宅版エコポイント制度は、この住宅性能評価がベースになっている。

✤ コラム ✤

省エネルギー性能評価書

　東京都は、2010年1月に省エネルギー性能評価書制度を導入した。この制度は、2010年1月1日以降に東京都に建築物環境計画書を提出した、延床面積10,000㎡超の新築、または増築建築物（特別大規模特定建築物）の、延床面積2,000㎡以上の用途（具体的には、ホテル、病院、百貨店、事務所、学校、飲食店、集会場等）の売却、賃貸、または信託受益権を譲渡しようとする相手方に、省エネルギー性能評価書の交付を義務付ける制度である。

　この制度は、ビルを購入、賃貸、または信託受益権の譲渡を受けようという人に情報を提供し、環境・省エネに配慮した建築物を選択しやすいようにすること、環境に配慮した建築物が市場で評価される仕組みをつくること、建築主の自主的な環境配慮の取組みを促すことをねらいとしており、業務部門の温暖化対策を推進するものである。

　省エネルギー性能評価書には、「建築物の断熱性」の評価、「設備システム

の省エネルギー性」の評価、「省エネルギー設備等の採用状況」の3項目が、建築物環境計画書の内容に基づいて記載される。

森林の間伐等の促進

　京都議定書の温室効果ガス排出量の削減目標の達成手段として、森林のCO2吸収量を算入することが認められている。我が国では、第1約束期間（2008年〜2012年）における温室効果ガス排出量の削減目標（6％）のうち、3.8％相当を森林の吸収量により確保することを目標としている。

　吸収量への算入が認められる森林は、過去50年間森林がなかった土地に植林された新規植林、1990年時点で森林でなかった土地に1990年以降に植林された再植林、1990年以降に森林経営が行われた森林である（図表9）。

図表9　京都議定書で森林吸収源の対象と認められる森林

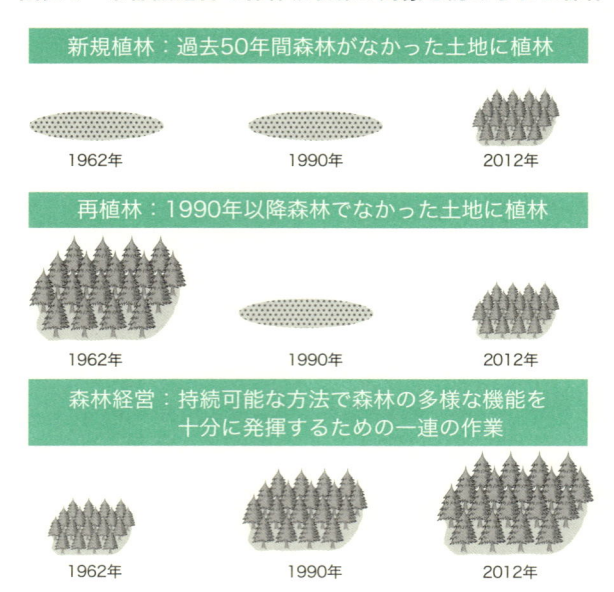

新規植林：過去50年間森林がなかった土地に植林
1962年　　1990年　　2012年

再植林：1990年以降森林でなかった土地に植林
1962年　　1990年　　2012年

森林経営：持続可能な方法で森林の多様な機能を十分に発揮するための一連の作業
1962年　　1990年　　2012年

出典：平成20年「森林・林業白書」

我が国では新規植林や再植林の対象となるところはわずかであり、吸収量を確保するために、間伐等の適切な整備を進める必要があることから、間伐等促進法が2008年5月に公布・施行され、2012年度までの間における森林の間伐等が図られている。

カーボン・オフセット

　カーボン・オフセットとは、市民、企業、NPO、NGO、自治体、政府等の社会の構成員が、自らの温室効果ガスの排出量を認識し、主体的にこれを削減する努力を行うとともに、削減が困難な部分の排出量について、他の場所で実現した温室効果ガスの排出削減・吸収量等（クレジット）を購入することまたは他の場所で排出削減・吸収を実現するプロジェクトや活動を実施すること等により、その排出量の全部または一部を埋め合わせることをいう（図表10）。

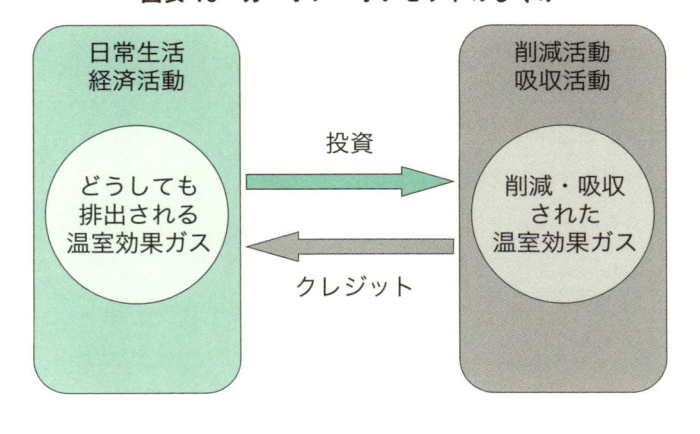

図表10　カーボン・オフセットのしくみ

　流通するクレジットを活用したカーボン・オフセットには、カーボン・オフセットはがき、カーボン・オフセット預金など、代金等にオフセット費用を含む商品・サービスの販売や、イベント開催により発生する温室効果ガスのオフセット費用を参加費に含むものなどがある。
　2008年11月には、国内の排出削減活動や森林整備活動による温室効果

ガス排出削減・吸収量をオフセットに用いることのできるクレジットとして認証する「オフセット・クレジット（J-VER）制度」が創設された。

オフセット・クレジット（J-VER）制度

国内の排出削減活動や森林整備活動による温室効果ガス排出削減・吸収量をオフセットに用いることのできるクレジットとして認証するオフセット・クレジット（J-VER）制度には、2010年4月現在29件が登録されており、クレジット発行見込量の総量は23,992 t-CO2/年である（図表11）。

図表11 オフセット・クレジット制度（J-VER）の概要

	プロジェクト種類	登録件数（件）	クレジット発行見込み（t-CO2/年）
排出削減系	化石燃料から未利用の木質バイオマスへのボイラー燃料代替	7	5,243
	化石燃料から木質ペレットへのボイラー燃料代替	3	729
	木質ペレットストーブの使用	2	191
	廃食用油由来バイオディーゼル燃料の車両等における利用	2	316
	下水汚泥由来バイオマス固形燃料による化石燃料代替	0	0
	低温排熱回収・利用	0	0
森林吸収系	森林経営活動によるCO2吸収量の増大（間伐促進型プロジェクト）	13	14,324
	森林経営活動によるCO2吸収量の増大（持続可能な森林経営促進型プロジェクト）	2	3,189
	植林活動によるCO2吸収量の増大	0	0
	計	29	23,992

気候変動対策認証センター資料をもとに筆者作成（2010年4月現在）
クレジット発行見込みは、申請者が提出した申請書中にある年度平均の発行見込量

J-VER制度のプロジェクトは、排出削減系と森林吸収系に大別され、森林吸収系の森林経営活動によるCO2吸収量の増大（間伐促進型プロジェクト・持続可能な森林経営促進型プロジェクト）は、案件全体のうち15件・

約17,513 t-CO2/年を占めている（92ページ参照）。

排出量取引

　国内で実施されている排出量取引は、2005年に開始された環境省自主参加型排出量取引制度（JVETS）、2008年に開始された試行排出量取引スキーム、2010年に開始された東京都の環境確保条例に基づく排出量取引制度がある。

　JVETSは、自主的な参加申請により一定量のCO2排出削減を約束して、CO2排出抑制設備の導入に対する補助金と排出枠の交付を受けた企業（目標保有参加者）が、補助金で整備した設備を活用して排出削減に取組み、自社の排出状況に応じて、他の目標保有参加者・取引参加者と排出枠の取引を行うものである。

　試行排出量取引スキームは、国内統合市場の試行的実施のひとつで、企業等が削減目標を設定し、その目標の超過達成分（排出枠）や国内クレジット、京都クレジットの取引を活用しつつ、目標達成を行う仕組みである。JVETSは、試行排出量取引スキームの参加類型のひとつである。

　東京都の環境確保条例に基づく排出量取引制度は、排出総量削減義務（19ページ）の達成手段のひとつである。東京都は、義務的なキャップ・アンド・トレード型国内排出量取引制度の国際的リンクを確実にすることを目的として設立された国際炭素行動パートナーシップ（ICAP）の正式メンバーとなっている。

第2節　不動産市場の環境性能に対する認識

　不動産の環境性能向上への取組みは、価格を上げたり下げたりする要因（価格形成要因）となり得るものの、不動産価格は市場価値を金額で表示したものであるので、実際の価格がどうなるかは不動産市場の認識次第である。

　日本不動産研究所は、2008年秋から2009年夏にかけて、不動産の環境性能に関する市場の認識を明らかにするためのアンケート調査等を実施した。

2008年10月時点の不動産投資家の認識

　2008年10月時点で環境配慮型不動産の価値が他の不動産より高いと答えた不動産投資家の割合は、オフィスは35％、住宅は30％だった（図表12）。利回りは、他の不動産と比べてオフィスが0.1〜0.3％、住宅が0.1〜0.2％程度低いという結果になった。なお、価格（収益価格）は純収益を利回りで割ることによって求めるので、分母である利回りが低くなると価格は高くなる。

　一方で、全体の5〜6割の不動産投資家は、環境配慮型不動産と他の不動産とに価値の差はないと答えている。しかし、環境配慮型不動産へ投資の予定がある不動産投資家は、全体の約2割にすぎなかった。

　環境配慮型不動産の将来については、不動産証券化の対象としては当たり前になっていくという意見がある一方、認知度が低いのでしばらくは様子をみたいという意見や、長期保有をしないと採算がとりにくいという意見があった。

図表 12 環境配慮型不動産の価値

日本不動産研究所不動産投資家調査（2008.10）

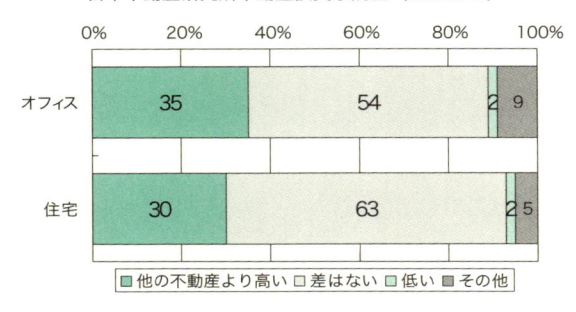

	他の不動産より高い	差はない	低い	その他
オフィス	35	54	2	9
住宅	30	63	2	5

2009年4月時点の不動産投資家の認識

2009年4月時点での不動産投資家は、社会的に問題となった環境性能、収益に直接結び付く環境性能で費用対効果が明確なものは非常に重視し、社会的信頼を高めるために必要なトラブル防止や事業継続についても重視するものの、省エネ・省資源についてはあまり重視していなかった（図表13）。

図表 13 不動産投資家の重視度（概要）

日本不動産研究所　不動産投資家アンケート（2009.4）

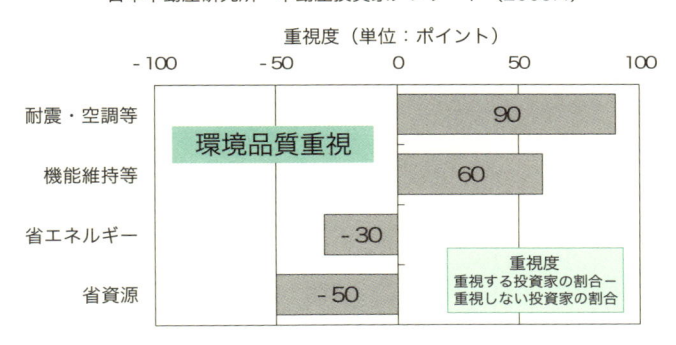

重視度（単位：ポイント）

耐震・空調等	90
機能維持等	60
省エネルギー	-30
省資源	-50

環境品質重視

重視度
重視する投資家の割合－
重視しない投資家の割合

この調査は、2009年4月、日本不動産研究所の「不動産投資家調査」に協力いただいている不動産投資家170社を対象に、アンケート票を電子メールに添付して送信・回収する方法で実施し、170社のうち53社から回答をいただいた（回答率31％）。

　この調査では、建物の環境性能に関する不動産投資家の判断基準を探るため、25項目について重視度を求めている。

　重視度は、以下のように求めた。

重視度　　　　＝　重視する投資家の割合　－　重視しない投資家の割合
（単位：ポイント）

　質問はCASBEE（62ページ参照）の評価項目を参考に設定しており、建築物の環境品質・性能（Q）に関連して14問、建築物の環境負荷（L）に関連して11問の質問を行っている。ただし、Lに関する質問の1つ（番号24）は公共交通機関の利便性に関するものであり、CASBEEの評価項目ではないものの、米国の環境性能評価基準であるLEEDの評価項目にあるため、設問に加えた。

　なお、環境性能に関する調査であることは、回答者には伝えていない。

　全体的な傾向として、「環境にやさしい」ものよりも、費用削減効果の大きいものの重視度が高い。また、初期費用が高いと認識されている項目を敬遠する傾向がみられる。

質問番号1から6まで（図表 14）は、建築物の基本性能として、居住者の健康、快適性、知的生産性に大きな影響を与える室内環境に関するものである。このうち、質問番号1が音環境、2が温熱環境（温湿度と空調）、3と4が光・視環境、5と6が空気質環境に関するものである。

空気質環境の汚染物質対応、温熱環境の個別空調の重視度が特に高い反面、光・視環境の項目の重視度が低いのが対照的である。オフィスビルの専有部分のエネルギー消費の約4割を照明が占めるが、重視度との関連は薄い。

図表 14　室内環境の重視度

番号	質問	重視度（順位）
1	設備機器から発生する騒音や外部からの騒音に対し、配慮している。	36（13）
2	細かなゾーンニングや個別の制御が可能なシステムを有した空調設備である。	77（ 6）
3	昼光利用設備（建物外壁に通常設けられる窓以外に、積極的な昼光利用を意図して設けられた設備）を有している。	-47（23）
4	調光等による細かな照明制御が可能である。	-25（21）
5	化学汚染物質、アスベスト、ダニ・カビ、喫煙等への対応を取っている。	93（ 3）
6	外気の取り入れ等により換気量を十分に取っている。	43（12）

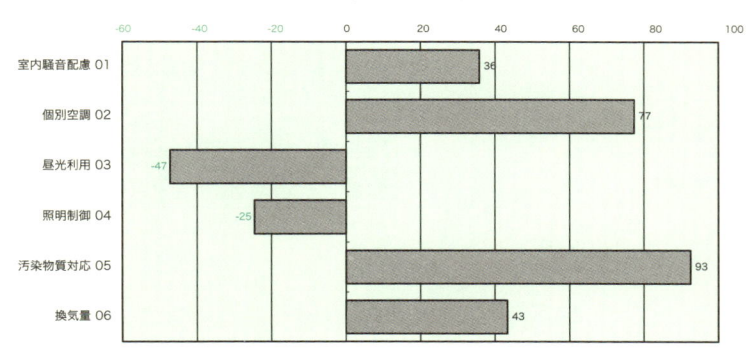

重視度（単位：ポイント）＝　重視する投資家の割合　－　重視しない投資家の割合
重視度100＝全員が重視、0＝重視する・しないが同数、-100＝全員が重視しない

重視度　（単位：ポイント）

室内騒音配慮 01	36
個別空調 02	77
昼光利用 03	-47
照明制御 04	-25
汚染物質対応 05	93
換気量 06	43

質問番号7から12まで（図表 15）は、建築物の利用者や所有者に対するサービス性能に関するものである。このうち、質問番号7が対応性・更新性、8と9が機能性、10から12までが耐用性・信用性に関するものである。

全体的に重視度が高く、特に対応性・更新性、耐用性・信用性の項目の重視度が高い。

図表 15　サービス性能の重視度

番号	質　問	重視度 (順位)
7	用途やレイアウトの変更、設備の更新等について、フレキシブルな対応が可能な設計・設備である。	81(5)
8	バリアフリーに配慮している。	51(11)
9	建物利用者が利用できる共用的なスペース（リフレッシュスペース・レストスペース等）を有している。	36(13)
10	建築基準法に規定された耐震性能を有している。免震・制振構造である。	96(1)
11	設備等について、適切なメンテナンス及び更新等を行っている。	96(1)
12	空調・換気設備、給排水・衛生設備、電気設備、通信・情報設備等について、災害やトラブル発生時にある程度機能を維持できるように配慮している。	62(8)

重視度（単位：ポイント）＝　重視する投資家の割合　－　重視しない投資家の割合
重視度100＝全員が重視、0＝重視する・しないが同数、-100＝全員が重視しない

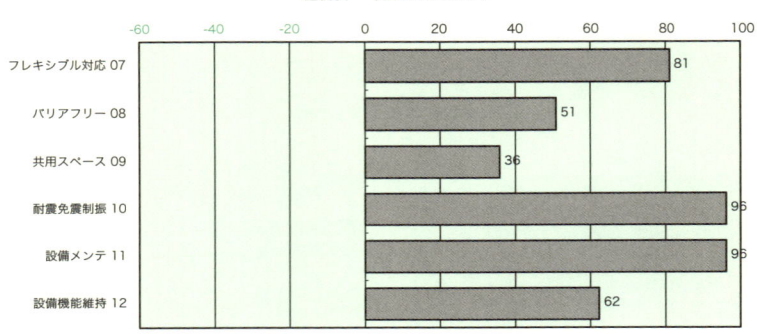

重視度　（単位：ポイント）

項目	重視度
フレキシブル対応 07	81
バリアフリー 08	51
共用スペース 09	36
耐震免震制振 10	96
設備メンテ 11	96
設備機能維持 12	62

質問番号13と14（図表 16）は、敷地内の屋外環境及び周辺環境に関する環境品質の向上に寄与する、室外環境（敷地内）に関するものである。このうち、質問番号13が地域性・アメニティへの配慮に関するもの、14がまちなみ・景観への配慮に関するものである。

　いずれも、重視度はプラスであり、重視する人のほうが多いことを示しているが、その程度は高くはない。

図表 16　室外環境（敷地内）の重視度

番号	質　問	重視度（順位）
13	緑化・防犯性・公開空地等の室外環境に配慮している。	25(16)
14	まちなみ・景観に配慮した建築物の形態となっている。	17(17)

重視度（単位：ポイント）＝　重視する投資家の割合　－　重視しない投資家の割合
重視度100＝全員が重視、0＝重視する・しないが同数、−100＝全員が重視しない

重視度　（単位：ポイント）

- 緑化防犯等 13: 25
- まちなみ景観配慮 14: 17

質問番号15から17まで（図表 17）は、建築物を運用する際に発生するエネルギー消費を低減させる取組みに関するものである。このうち、質問番号15が建物の熱負荷抑制に関するもの、16が自然エネルギー利用に関するもの、17が設備システムの高効率化に関するものである。
　いずれも重視度はマイナスであり、重視しない人のほうが多いことを示している。特に自然エネルギー利用の項目の重視度が低い。
　性能を示す数値の認知度の低さや、重視することによって建築費や共益費が上昇すると受け止められたことが重視度の低さにつながった可能性がある。

図表 17　エネルギーの重視度

番号	質　問	重視度（順位）
15	外壁・屋根等について、断熱性能（ＰＡＬ値等）の高い工法・資材を使用している。	-6(18)
16	自然エネルギーを変換利用している設備及び省エネ設備（コージェネレーションシステム等）を有している。	-32(22)
17	ＥＲＲ（エネルギー利用の低減率をいい、省エネ法のＣＥＣの統合値）等の省エネ性能が高い設備を有している。	-13(20)

重視度（単位：ポイント）＝　重視する投資家の割合　－　重視しない投資家の割合
重視度100＝全員が重視、0＝重視する・しないが同数、-100＝全員が重視しない

重視度　（単位：ポイント）

- 断熱性能 15: -6
- コージェネ等 16: -32
- 省エネ性能 17: -13

質問番号18から20までは、建築物のライフサイクルにおける資源・マテリアル消費の低減、及び環境負荷削減へ向けた取組みに関するものである。このうち、質問番号18が水資源保護に関するもの、19が非再生性資源の使用量削減に関するもの、20が汚染物質含有材料の使用回避に関するものである。

　汚染物質含有材料の使用回避の重視度は高いが、これは健康被害の可能性を排除したいという思いが強く現れたものと考えられる。水資源保護や非再生性資源の削減は、温室効果ガス削減に寄与するものだが重視度は低い。水資源の利用は、初期費用が高く、利用者が増えないと費用削減効果が出にくいことも影響していると考えられる。

図表18　資源・マテリアルの重視度

番号	質問	重視度（順位）
18	水資源の使用（雨水の利用システムや雑排水の再利用システム等）に配慮している。	-47(23)
19	再生可能な材料及び再生材を使用している。	-55(25)
20	健康被害・環境被害型（フロン・ハロン・鉛等）の材料を使用している。	62(8)

重視度（単位：ポイント）＝　重視する投資家の割合　－　重視しない投資家の割合
重視度100＝全員が重視、0＝重視する・しないが同数、-100＝全員が重視しない

重視度　（単位：ポイント）

水資源配慮 18	-47
再生配慮 19	-55
フロン等 20	62

質問番号21から23まで及び25は、建築物及び敷地内から発生する環境負荷が、敷地外に及ぼす影響を低減する取組みに関するものである。このうち、質問番号21と22が地球環境への配慮及び周辺環境への配慮に関するもの、23が地域環境への配慮に関するもの、25が地球環境への配慮に関するものである。

いわゆる近隣対策の重視度が高い。現実には荷捌き場所の確保等の苦労は大きいが、交通への負荷やゴミの減量に関する項目の重視度は相対的に低い。

質問番号24は公共交通機関の利便性に関するもので、重視度が非常に高い。

図表19　敷地外環境の重視度

番号	質　問	重視度（順位）
21	粉塵・騒音・振動・悪臭等について近隣に配慮している。	66(7)
22	雨水流出・風害・日照阻害等について近隣に配慮している。	59(10)
23	自動車利用による周辺の渋滞発生等を抑制する（荷捌き用スペースや交通量の少ない道路を入り口にする等）ための取組みを行っている。	28(15)
24	電車・地下鉄・バス等の公共交通機関の利便性が高い。	93(3)
25	ゴミ減量化対策（分別回収・生ゴミ自家処理）等を行っている。	-9(19)

重視度（単位：ポイント）＝　　重視する投資家の割合　－　重視しない投資家の割合
重視度100＝全員が重視、0＝重視する・しないが同数、-100＝全員が重視しない

重視度　（単位：ポイント）

騒音等配慮 21	66
日照等配慮 22	59
渋滞抑制 23	28
交通利便性 24	93
ゴミ減量対策 25	-9

なお、不動産投資家の重視度と『CASBEE-新築（簡易版）』の重み係数を比較すると（図表20）、音環境、対応性・更新性、汚染物質含有材料の使用回避は不動産投資家の重視度が高く、光・視環境、まちなみ・景観への配慮、建物の熱負荷抑制、設備システムの高効率化、非再生性資源の使用量削減及び地球環境への配慮は、CASBEEのほうが重視している。

図表20　重視度とCASBEEの重み係数の比較

番号	重視度	順位	CASBEEの評価項目	重み係数（※）	順位
1	36	13/25	音環境	0.0600	19/20
2	77	6/25	温熱環境	0.1400	2/20
3	-47	23/25	光・視環境	0.1000	7/20
4	-25	21/25	光・視環境	0.1000	7/20
5	93	3/25	空気質環境	0.1000	7/20
6	43	12/25	空気質環境	0.1000	7/20
7	81	5/25	対応性・更新性	0.0864	15/20
8	51	11/25	機能性	0.1200	3/20
9	36	13/25	機能性	0.1200	3/20
10	96	1/25	耐用性・信用性	0.0936	6/20
11	96	1/25	耐用性・信用性	0.0936	6/20
12	62	8/25	耐用性・信頼性	0.0936	6/20
13	25	16/25	地域性・アメニティへの配慮	0.0900	13/20
14	17	17/25	まちなみ・景観への配慮	0.1200	3/20
15	-6	18/25	建物の熱負荷抑制	0.1200	3/20
16	-32	22/25	自然エネルギー利用	0.0800	16/20
17	-13	20/25	設備システムの高効率化	0.1200	3/20
18	-47	23/25	水資源保護	0.0450	20/20
19	-55	25/25	非再生性資源の使用量削減	0.1890	1/20
20	62	8/25	汚染物質含有材料の使用回避	0.0660	18/20
21	66	7/25	地球環境への配慮/周辺環境への配慮	0.1000	9/20
22	59	10/25	地球環境への配慮/周辺環境への配慮	0.1000	9/20
23	28	15/25	地域環境への配慮	0.1000	9/20
24	93	3/25	LEED		
25	-9	19/25	地球環境への配慮	0.1000	9/20

（※）重み係数は、大項目（例：Q1室内環境等）と中項目（例：1音環境等）の重み係数を乗じたものを採用した。
　　□：投資家の重視度と比較し、CASBEEの評価が相対的に低いもの
　　□：投資家が重視度と比較し、CASBEEの評価が相対的に高いもの
　　□：投資家の重視度と比較し、CASBEEの評価が同程度であるもの

2009年夏・秋時点の不動産賃貸市場関係者の認識

　2009年夏に仲介業者へヒアリング調査を行ったところ、賃貸オフィスを選ぶ際に必ず選定条件になるものは、利便性と値段、つまり、最寄り駅への距離、最寄り駅の利便性、利便施設の有無、賃料・共益費水準が中心で、IT対応、電気容量、空調設備、床荷重、耐震基準がこれに続き、環境品質重視であり、省エネ・省資源は選定条件には入っていなかった。

　同年秋に大手保険会社、不動産会社、建設会社のテナント営業担当者にヒアリングした結果をみても傾向は同じであり、賃料・利便性、耐震・空調、機能維持はほぼ間違いなく重視するが、省エネ・省資源はほとんど重視していないという結果になった。

　2009年9月、大手保険会社、大手不動産会社、大手建設会社の計5社のテナント営業担当者を対象にヒアリング調査を行った。
　この調査では、建物の環境性能に関するテナントの判断基準を探るため、基準階床面積200坪以上、延床面積5,000坪以上のオフィスビルの賃借を検討するテナントが重視することについて、32項目について重視度を求めている。
　重視度は、4月時点の調査と同様に、以下のように求めた。

```
重視度　　　＝　重視する投資家の割合　−　重視しない投資家の割合
（単位：ポイント）
```

　質問はCASBEEの評価項目を参考に設定しているが、「最寄り駅への距離、最寄り駅の利便性」や賃料水準など、環境性能ではない項目も織り交ぜて質問している。
　全体的な傾向としては、やはり「環境にやさしい」ものよりも、費用削減効果の大きいものの重視度が高い。

重視度が100の項目、つまり回答者全員が重視する項目（図表 21）をみると、「最寄り駅への距離、最寄り駅の利便性」、「賃借面積・フロア数」、「賃料水準」等、利便性やコストに関する項目や、賃料水準に大きな影響を与えると思われる項目（IT環境への対応、空調設備、耐震基準、有害物質使用）が並んでいる。なお、環境負荷の低減に関する項目で重視度が100のものはない。

図表 21　重視度が100の項目

番号	質　問	重視度（順位）
1	最寄り駅への距離、最寄り駅の利便性	100 (1)
3	賃借面積・フロア数	100 (1)
4	形状・柱及び梁の有無、間仕切り設置のフレキシビリティ	100 (1)
6	ＯＡフロア等のＩＴ環境への対応の状態	100 (1)
8	空調設備（個別／セントラル）及び増設余地	100 (1)
13	耐震基準を満たしているか否か	100 (1)
14	健康被害・環境被害型（フロン・ハロン・鉛・アスベスト等）の材料を使用しているか否か	100 (1)
20	エントランスのグレード、広さ、出入りの容易さ	100 (1)
23	共用スペース（トイレ／給湯室／喫煙コーナー／リフレッシュコーナー）の使い勝手、グレード	100 (1)
25	賃料水準	100 (1)
29	管理人の常駐の有無、セキュリティ管理の設備の有無	100 (1)

重視度（単位：ポイント）＝　重視する投資家の割合　－　重視しない投資家の割合
重視度100＝全員が重視、0＝重視する・しないが同数、−100＝全員が重視しない

　重視度が60の項目（図表 22）及び20の項目（図表 23）、つまり重視する回答者のほうが多い項目をみると、テナントが後から変更できない項目（エレベーターの位置や天井高等）をより重視する傾向がみられる。
　また、重要ではあるものの、調査の前提である「基準階床面積200坪以上、延床面積5,000坪以上のオフィスビル」に標準的に備わっているものについては、標準以上の水準は追求しないという意味で、重視度が100ではなく60または20になっているものが多い（電気容量等）。

図表 22　重視度が60の項目

番号	質問	重視度（順位）
2	周辺における利便施設の有無	60(12)
7	電気容量	60(12)
10	天井高	60(12)
12	築年数	60(12)
21	エレベーターの位置、設置数、待ち時間等	60(12)
24	駐車台数と使用時間、使い勝手（自走式or機械式）	60(12)
26	共益費水準	60(12)
28	ビルの名称・デザイン（外観・内観等）	60(12)

重視度（単位：ポイント）＝　重視する投資家の割合　－　重視しない投資家の割合
重視度100＝全員が重視、0＝重視する・しないが同数、-100＝全員が重視しない

図表 23　重視度が20の項目

番号	質問	重視度（順位）
5	内装仕様（床／天井／壁）のグレード	20(20)
11	床荷重	20(20)
22	バリアフリーに配慮しているか否か	20(20)
27	専用部分の光熱費水準	20(20)
30	内外の騒音・悪臭、ゴミ処理の状況	20(20)
31	敷地内の緑地の程度、防犯性に配慮しているか否か	20(20)

重視度（単位：ポイント）＝　重視する投資家の割合　－　重視しない投資家の割合
重視度100＝全員が重視、0＝重視する・しないが同数、-100＝全員が重視しない

重視度がマイナスの項目（図表 24）をみると、環境負荷の低減に関する項目が多い。外資系企業が環境に配慮したビルに絞って選択し始めたという話や、環境に配慮したビルの新規供給が最近は多いという話も聞かれたものの、テナントから環境関係の項目やCASBEE、LEEDなどの環境性能評価について聞かれることはほとんどない。また、賃貸借の際には環境配慮型ビルであることを前面に押し出しておらず、あくまで市場賃料ベースで賃料設定をしており、設備更新費用を賃料に転嫁することは難しいようだ。

図表 24　重視度がマイナスの項目

番号	質　問	重視度（順位）
9	照明仕様（全般／タスクアンビエント）	−60(26)
17	省エネ性能が高い設備を有しているか否か	−60(26)
15	事務所ビル建築前の用途等が、土壌汚染が疑われる施設であったか否か	−100(28)
16	外壁・屋根等について、断熱性能の高い工法・資材を使用しているか否か	−100(28)
18	自然光の利用の有無（採光窓の設置、光庭、トップライト等）	−100(28)
19	自然通風の利用	−100(28)

重視度（単位：ポイント）＝　重視する投資家の割合　−　重視しない投資家の割合
重視度100＝全員が重視、0＝重視する・しないが同数、−100＝全員が重視しない

　32問目として、ほかに重視している項目を自由回答していただいたが、主なものとして、フリーレント期間（賃料が無料となる期間）、敷金の額、普通借家契約か定期借家契約か、視認性、関連業種の集積度合い（金融ならば大手町、外資系ならば赤坂に集積している）、本店所在地としての立地（千代田区・中央区・港区に限定）という回答があった。

不動産市場の環境認識のまとめ

　以上のように、2009年秋の時点では、省エネルギー・省資源等に関する項目（環境負荷）についての不動産市場の認識が低かった。

　調査時期が2008年9月のアメリカ大手投資銀行の破綻を契機とした世界的な金融危機と実体経済の悪化の時期であり、不動産賃貸市場・不動産投資市場ともに大きく冷え込むなかでの調査であることに留意が必要であるが、建物の環境性能のうち、建築物の居住環境に関する項目（環境品質）については不動産市場の認識が高い一方、省エネ・省資源等に関する項目（環境負荷）については不動産市場の認識が低く、価格に反映されていないことがわかった（図表25）。

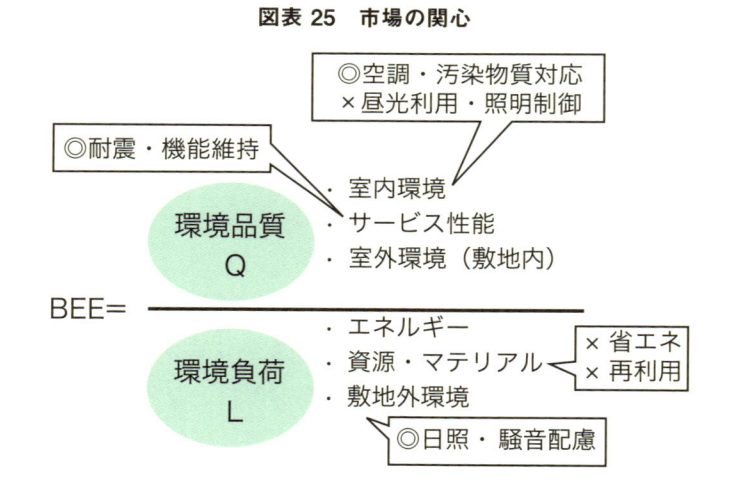

図表 25　市場の関心

$$BEE = \frac{\text{環境品質 Q}（室内環境・サービス性能・室外環境（敷地内））}{\text{環境負荷 L}（エネルギー・資源・マテリアル・敷地外環境）}$$

環境品質 Q
- ◎耐震・機能維持
- 室内環境　◎空調・汚染物質対応　×昼光利用・照明制御
- サービス性能
- 室外環境（敷地内）

環境負荷 L
- エネルギー
- 資源・マテリアル　×省エネ　×再利用
- 敷地外環境　◎日照・騒音配慮

コラム

「環境配慮」って何ですか？

　環境性能が高い不動産は、「環境不動産」「環境配慮型不動産」「グリーンビルディング」「サステナブル不動産」などの名で不動産市場に供給されているが、実は不動産市場に共通の定義があるわけではない。

　本節で紹介した調査を行ったときも、我々は「そもそも環境配慮型不動産って何ですか？」ということを何度となく聞かれたし、不動産の環境性能をテーマにした勉強会や研修会に参加すると、必ず「環境」の範囲や「配慮」の程度を巡る議論が展開される。

　例えば、「環境」の範囲を地球規模で考える人もいれば、敷地や建物の範囲で考える人もいる。その違いに配慮しないと、「サステナブル」（持続可能性）の意味するものが人によって「地球環境を長く守る」だったり「建物を長く使う」だったりすることに気がつかず、話がかみ合わない。また、「環境」を省エネルギー・省資源に限定する場合もあれば、建物内での仕事の能率などの知的生産性を含めて議論することもある。

　「配慮」にもいろいろある。家庭用の給湯器ひとつをとっても、ヒートポンプ技術を利用するもの、燃料電池を利用するもの、ガスエンジンを利用するもの、ガスの効率を高めたものがあり（エコキュート、エネファーム、エコウィル、エコジョーズ等）、設置や維持の費用や省エネ効果は異なるが、何らかの「配慮」をしていることに変わりはなく、実際、いずれの機器を導入しても補助金が受けられるのである（2009年度末時点）。

　不動産は、「箱」としての躯体の断熱性や気密性、そこに設置する設備機器の省エネ性など、無数の組み合わせが考えられる。不動産の建設・維持には様々な分野の専門家が携わっており、専門用語の共通化が必要であるし、不動産を選んで使う者は基本的に素人であるから、わかりやすい説明も欠かせない。

　こうした特性をもつ不動産の「環境配慮」を議論するためには、環境性能の定量化（基準づくり）と「見える化」が非常に役に立つと思われる。

第3節　個人・自治体・企業の地球温暖化に対する認識

　日本不動産研究所は、前節の不動産市場の環境性能に対する認識の調査に引き続き、個人・自治体・企業の地球温暖化に対する認識、特に「森林の維持管理」と「環境意識の醸成」を検証することを目的として、2009年9月1日～25日にウェブアンケート調査を実施した。

　調査期間中の2009年9月8日に出された内閣府の月例経済報告では、「景気は、失業率が過去最高水準となるなど厳しい状況にあるものの、このところ持ち直しの動きがみられる。」と報告されており、前節の調査同様、景気が厳しいなかでの調査であることに留意する必要がある。

個人の地球温暖化に対する認識

　地球温暖化に関心があると回答した個人は、実に8割を占める（図表26）。そのうち、非常に関心があると回答した個人は27％であり、4人に1人は地球温暖化に高い関心を寄せていることが分かる。

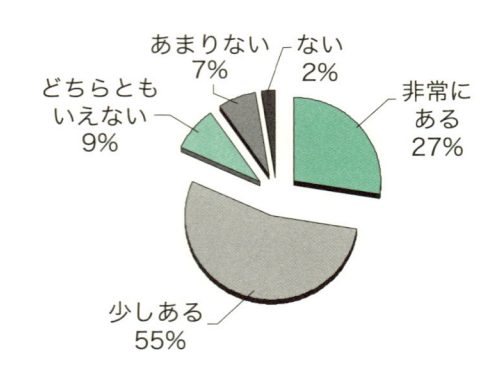

図表 26　個人の地球温暖化に対する関心の程度

- 非常にある　27%
- 少しある　55%
- どちらともいえない　9%
- あまりない　7%
- ない　2%

地球温暖化に係る国民の取組み内容（予定を含む）をみると、都市圏、地方圏いずれも「電気をこまめに消している」が最も高く、「詰め替え用商品を買っている」、「買い物には買い物袋を持参する」がこれに次いでいる（図表27）。

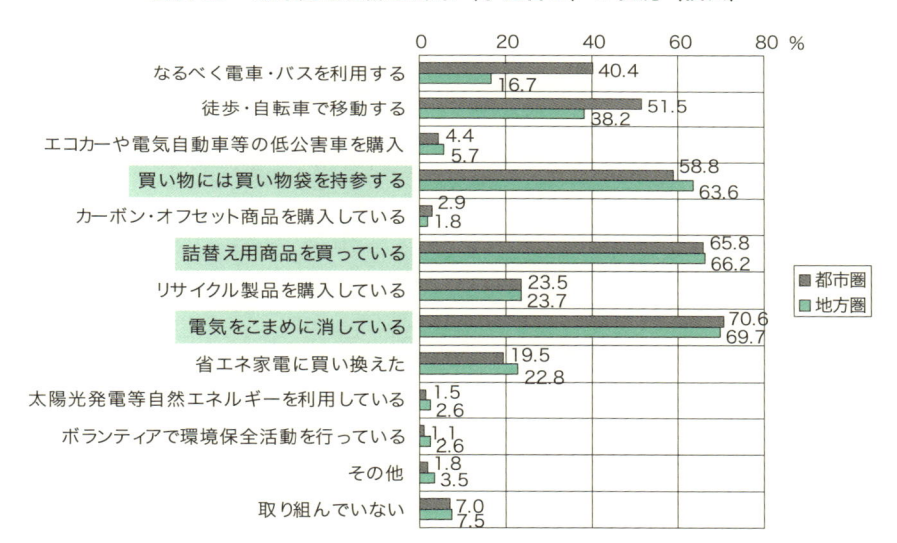

図表27　地球温暖化防止対策（予定含む）の状況（個人）

項目	都市圏	地方圏
なるべく電車・バスを利用する	40.4	16.7
徒歩・自転車で移動する	51.5	38.2
エコカーや電気自動車等の低公害車を購入	4.4	5.7
買い物には買い物袋を持参する	58.8	63.6
カーボン・オフセット商品を購入している	2.9	1.8
詰替え用商品を買っている	65.8	66.2
リサイクル製品を購入している	23.5	23.7
電気をこまめに消している	70.6	69.7
省エネ家電に買い換えた	19.5	22.8
太陽光発電等自然エネルギーを利用している	1.5	2.6
ボランティアで環境保全活動を行っている	1.1	2.6
その他	1.8	3.5
取り組んでいない	7.0	7.5

取組みのきっかけは、「環境を保全したいから」という環境配慮意識が都市圏、地方圏とも約3割を占める。その最も高いきっかけは「ムダを省きたいから」であり、特に都市圏では約4割を占めている（図表 28）。厳しい雇用情勢等の影響が少なからず家計に反映されているものと推察する。

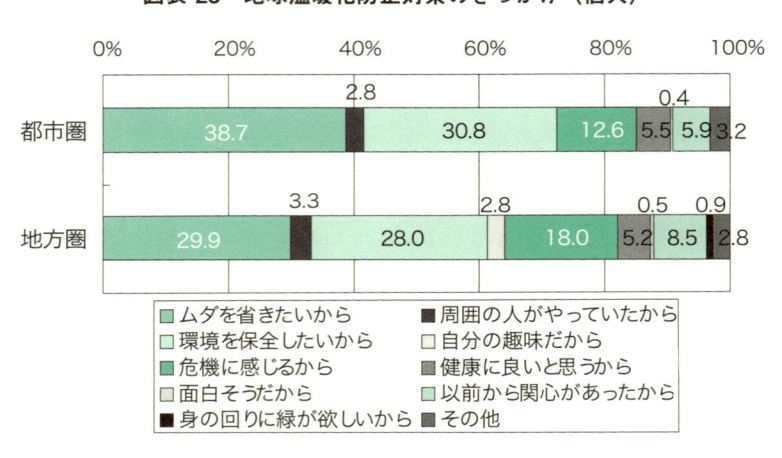

図表 28　地球温暖化防止対策のきっかけ（個人）

区分	ムダを省きたいから	身の回りに緑が欲しいから	環境を保全したいから	危機に感じるから	健康に良いと思うから	以前から関心があったから	その他
都市圏	38.7	2.8	30.8	12.6	5.5	5.9	3.2 / 0.4
地方圏	29.9	3.3	28.0	18.0 (2.8)	5.2	8.5	2.8 / 0.5 / 0.9

凡例：
- ムダを省きたいから
- 周囲の人がやっていたから
- 環境を保全したいから
- 自分の趣味だから
- 危機に感じるから
- 健康に良いと思うから
- 面白そうだから
- 以前から関心があったから
- 身の回りに緑が欲しいから
- その他

　地球温暖化防止に対する取組みは、「公共交通」「省エネ」「環境配慮型商品」の3つに大別できる。これらの重要度（ウェイト）を3項目間で相互に比較する、いわゆる一対比較を回答者に行ってもらった。その結果、「省エネ」が都市圏、地方圏とも最も高く、いずれも4割を超えている（図表29）。「省エネ」は、エコポイント制度にみられるように政策的な後押しがあるが、調査時点では、温暖化対策として最も重要であると認識されていることがわかる。

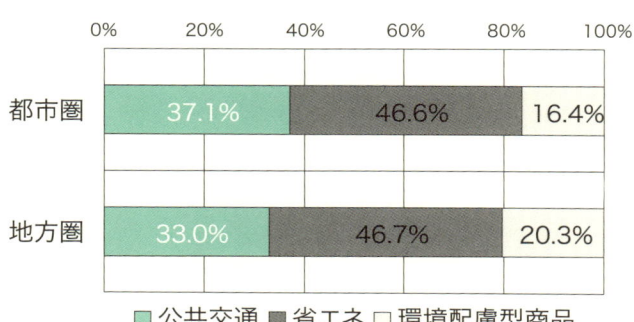

図表 29　最も重要な地球温暖化対策（個人）

	公共交通	省エネ	環境配慮型商品
都市圏	37.1%	46.6%	16.4%
地方圏	33.0%	46.7%	20.3%

森林の維持管理に対する国民の最大支払い意思額

　調査時点における国民の森林に対する認識に基づいて、CVM（仮想的評価法）という環境評価手法を用いて、経済的評価（貨幣タームによる評価）を行った。貨幣タームによる評価は、社会としての大切さという秩序のなかで森林のCO_2吸収機能がどの辺りに位置するのかを把握するのに一番分かりやすい。

　国民の森林の維持管理に対する最大支払い意思額（WTP）は、価値別にみると、「将来世代のためによい環境を残しておきたい」（遺贈価値）とする意識が最も高く、その傾向は地方圏に顕著にみられ、過半を超えている（図表30）。

　この遺贈価値に基づく1世帯当たりの年間の最大支払い意思額（WTP）は、都市圏で1,300円、地方圏では1,100円と推計される（付け値関数を定式化して推計）（図表31、図表32）。

　なお、温情効果は、寄付の満足感によるものと考えられ、回答者が評価対象を正しく認識していない可能性が高いため、温情効果に基づく支払い意思額は排除することとし、経済的評価が過大にならないように配慮している。

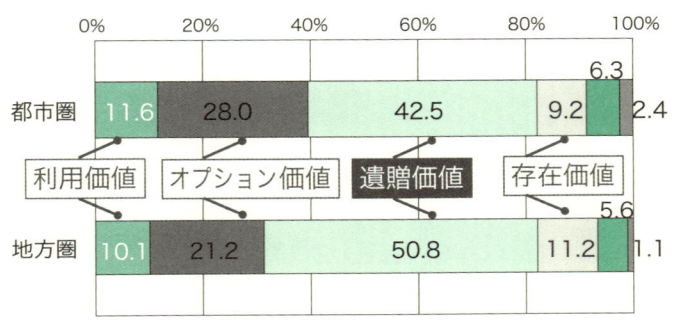

図表30　森林の維持管理費用の支払い理由

	利用価値	オプション価値	遺贈価値	存在価値		
都市圏	11.6	28.0	42.5	9.2	6.3	2.4
地方圏	10.1	21.2	50.8	11.2	5.6	1.1

- ■ 現在の自分たちにとって重要と思う
- ■ 将来の自分たちにとって重要になると思う
- □ 将来世代のためによい環境を残しておきたい
- □ 直接に利用はないが存在に意義があると思う
- ■ 住民として当然のことだから
- ■ その他

図表31　付け値関数の定式化と推定結果

$$\text{Ln（支払い意思額）}=\alpha+\beta 1\cdot\text{Ln（世帯年収）}+\beta 2\cdot\text{Ln（世帯人員）}\\+\beta 3\cdot\text{年齢}^2+\beta 4\cdot\text{年齢}+\beta 5\cdot\text{Ln（森林への接近性）}\\+\beta 6\cdot\text{性別}+\beta 7\cdot\text{都市圏}+\gamma\cdot\text{温暖化関心度}\\+\theta 1\cdot\text{利用価値}+\theta 2\cdot\text{オプション価値}+\theta 3\cdot\text{遺贈価値}\\+\theta 4\cdot\text{存在価値}+\theta 5\cdot\text{温情効果}$$

	説明変数名	偏回帰係数	t値	有意水準 ＊：5％水準 ＊＊：1％水準	P値
$\beta 1$	ln（年収）	0.266	2.299	＊	0.022
$\beta 2$	ln（世帯人員）	-0.117	-1.001		0.317
$\beta 3$	年齢^2	0.001	3.106	＊＊	0.002
$\beta 4$	年齢	-0.095	-3.044	＊＊	0.002
$\beta 5$	ln（接近性）	-0.034	-0.516		0.606
$\beta 6$	性別DUM	-0.153	-1.386		0.167
$\beta 7$	都市圏DUM	0.154	1.367		0.172
γ	温暖化関心度DUM	0.497	3.985	＊＊	0.000
$\theta 1$	利用価値DUM	5.936	26.145	＊＊	0.000
$\theta 2$	オプション価値DUM	6.086	36.309	＊＊	0.000
$\theta 3$	遺贈価値DUM	6.170	41.027	＊＊	0.000
$\theta 4$	存在価値DUM	5.882	25.970	＊＊	0.000
$\theta 5$	温情効果DUM	6.408	22.657	＊＊	0.000
α	定数項	0.829	0.922		
決定係数		0.849			
自由度修正済み決定係数		0.844			
サンプル数		500			

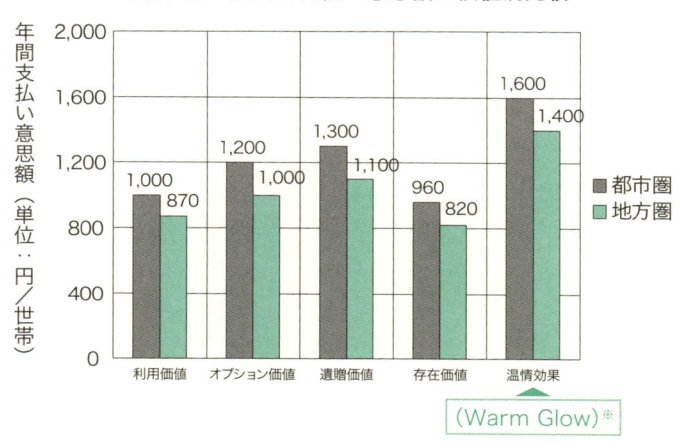

図表 32　国民の支払い意思額の価値別比較

年間支払い意思額（単位：円／世帯）

価値	都市圏	地方圏
利用価値	1,000	870
オプション価値	1,200	1,000
遺贈価値	1,300	1,100
存在価値	960	820
温情効果（Warm Glow）※	1,600	1,400

※温情効果（Warm Glow）
　寄与することによる満足感を示し、森林の維持管理に対する評価とは異なる。

　地球温暖化に対して非常に関心がある人の割合が調査時点の27.6％から50％、70％と高まることにより、森林のCO2吸収機能に対する経済的価値（便益）がどの程度になるのかを付け値関数をもとに試算した結果、日本全体で400億円から500億円へ増大することが推計された（図表33）。
　政策的なインプリケーションとして、国民の環境意識の醸成が、森林のCO2吸収機能に対する経済的価値形成の視点から重要となることが示されている。

図表33　森林のCO2吸収に関する価値別便益

関心度 価値項目	27.6%		50.0%		70.0%	
	都市圏	地方圏	都市圏	地方圏	都市圏	地方圏
利用価値	24	16	27	17	31	20
オプション価値	70	38	76	41	88	45
遺贈価値	120	99	120	110	140	130
存在価値	18	16	21	18	23	20
合計 （単位：億円）	232	169	244	186	282	215
	401≒400		430		497≒500	

自治体のJ-VER制度に対する認識

　調査時点における自治体のCO2削減施策では、都市圏及び地方圏ともに「住民、企業の環境意識の向上・啓蒙」(8.9ポイント) が最も高く、これに次いで、都市圏では、「公共交通の利用促進」(8.9ポイント)、「自然エネルギー導入支援」(8.3ポイント)、「緑地保全・緑化推進」(8.3ポイント) が、地方圏では、「建物の省エネルギー化」(8.3ポイント) があげられる (図表34)。

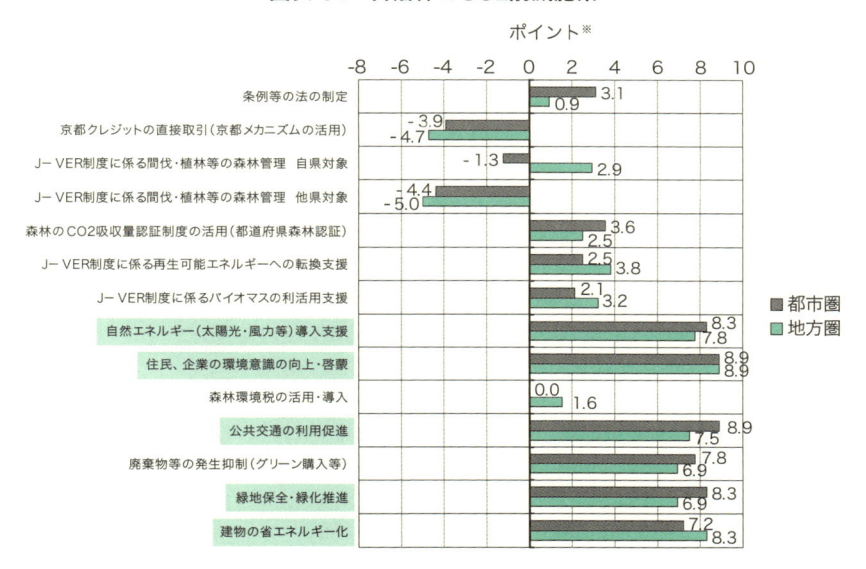

図表34　自治体のCO2削減施策

ポイント※

施策	都市圏	地方圏
条例等の法の制定	3.1	0.9
京都クレジットの直接取引 (京都メカニズムの活用)	-3.9	-4.7
J-VER制度に係る間伐・植林等の森林管理 自県対象	-1.3	2.9
J-VER制度に係る間伐・植林等の森林管理 他県対象	-4.4	-5.0
森林のCO2吸収量認証制度の活用 (都道府県森林認証)	3.6	2.5
J-VER制度に係る再生可能エネルギーへの転換支援	2.5	3.8
J-VER制度に係るバイオマスの利活用支援	2.1	3.2
自然エネルギー (太陽光・風力等) 導入支援	8.3	7.8
住民、企業の環境意識の向上・啓蒙	8.9	8.9
森林環境税の活用・導入	0.0	1.6
公共交通の利用促進	8.9	7.5
廃棄物等の発生抑制 (グリーン購入等)	7.8	6.9
緑地保全・緑化推進	8.3	6.9
建物の省エネルギー化	7.2	8.3

※ポイント値は、「非常に当てはまる」+10ポイント、「やや当てはまる」+5ポイント、「どちらともいえない」0、「当てはまらない」-10ポイントとして、回答割合により加重平均して算定した。

森林に係るJ-VER制度がある自治体は少ないが、J-VER制度に対する関心の程度が低いわけではなく、特に地方圏の自治体の約8割は高い関心を持っている（図表35）。

図表 35　自治体のJ-VER制度に対する関心の程度

	非常にある	少しある	どちらともいえない	ほとんどない
都市圏	22.2	55.6	22.2	
地方圏	77.8	22.2		

J-VER制度の導入効果として、「森林の維持管理の促進」が、都市圏及び地方圏において最も期待されている（図表36）。「二酸化炭素排出量の削減」の期待も相対的に高く、「森林の市場価値の向上」の期待も地方圏では比較的高い。

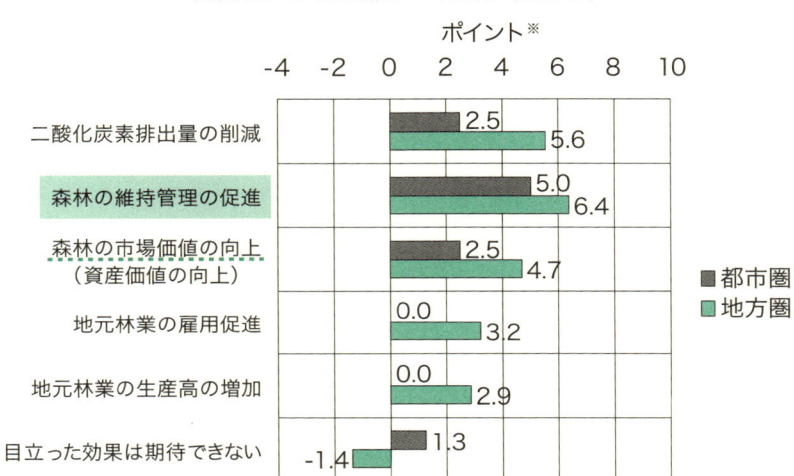

図表 36　J-VER効果への期待（自治体）

項目	都市圏	地方圏
二酸化炭素排出量の削減	2.5	5.6
森林の維持管理の促進	5.0	6.4
森林の市場価値の向上（資産価値の向上）	2.5	4.7
地元林業の雇用促進	0.0	3.2
地元林業の生産高の増加	0.0	2.9
目立った効果は期待できない	1.3	-1.4

※ポイント値は、「非常に期待できる」+10ポイント、「やや期待できる」+5ポイント、「どちらともいえない」0、「期待できない」−10ポイントとして、回答割合により加重平均して算定した。

　J-VER制度の活性化に必要な事項として、キーワードが2つあげられる。ひとつが「住民・企業の環境意識の醸成」、もうひとつが「森林の維持・管理の推進」である（図表37）。森林の維持管理については、J-VER制度の導入効果として、自律性をもった進展が期待されるところであるが、J-VER制度を活性化するためにも、まずは森林の維持管理を実施することが必要とされている。

図表 37　J-VER制度の活性化の条件（自治体）

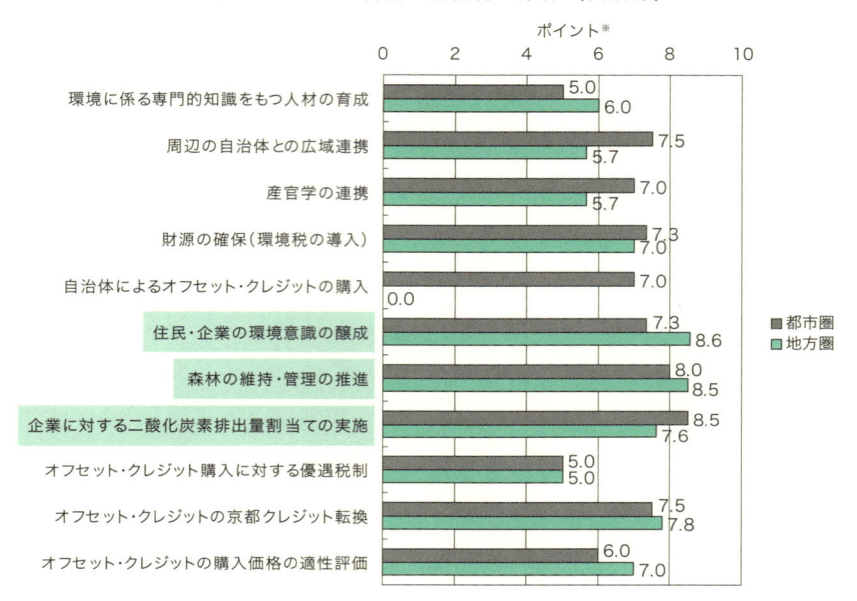

項目	都市圏	地方圏
環境に係る専門的知識をもつ人材の育成	5.0	6.0
周辺の自治体との広域連携	7.5	5.7
産官学の連携	7.0	5.7
財源の確保（環境税の導入）	7.3	7.0
自治体によるオフセット・クレジットの購入	7.0	0.0
住民・企業の環境意識の醸成	7.3	8.6
森林の維持・管理の推進	8.0	8.5
企業に対する二酸化炭素排出量割当ての実施	8.5	7.6
オフセット・クレジット購入に対する優遇税制	5.0	5.0
オフセット・クレジットの京都クレジット転換	7.5	7.8
オフセット・クレジットの購入価格の適性評価	6.0	7.0

※ポイント値は、優先順位「1位」+10ポイント、「2位」+7ポイント、「3位」+5ポイントとして、回答割合により加重平均して算定した。

排出量取引に係る企業の現状認識

企業のJ-VER制度に対する認識の程度（「知っている」までの累積）をみると、エネルギー分野のJ-VERで3割程度、森林吸収源プロジェクトでは2割程度である（図表38）。

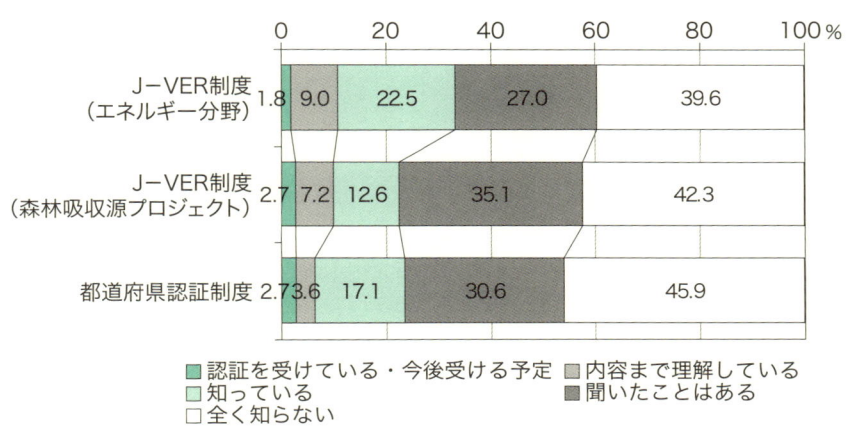

図表 38　企業のJ-VER制度に対する認識

	認証を受けている・今後受ける予定	内容まで理解している	知っている	聞いたことはある	全く知らない
J-VER制度（エネルギー分野）	1.8	9.0	22.5	27.0	39.6
J-VER制度（森林吸収源プロジェクト）	2.7	7.2	12.6	35.1	42.3
都道府県認証制度	2.7	3.6	17.1	30.6	45.9

企業が行っているCO2削減のための取組みをみると、「エネルギーの効率化」や「エネルギー消費量の削減」が最も高く、家計と同様に支出削減に直結する省エネの取組みが実施されていることが分かる（図表39）。景気の厳しい状況が、少なからず省エネの取組みに影響を与えていると考えられる。

今後の排出量取引の実施による効果をみると、「取引に伴うコストの増加」が、企業の資本金の別にかかわらず最も懸念されているが、「国際社会への貢献」「SRIの向上」「企業イメージの向上」といった、いわゆるCSR効果も見込まれている（図表40）。

図表 39　企業のCO2削減施策

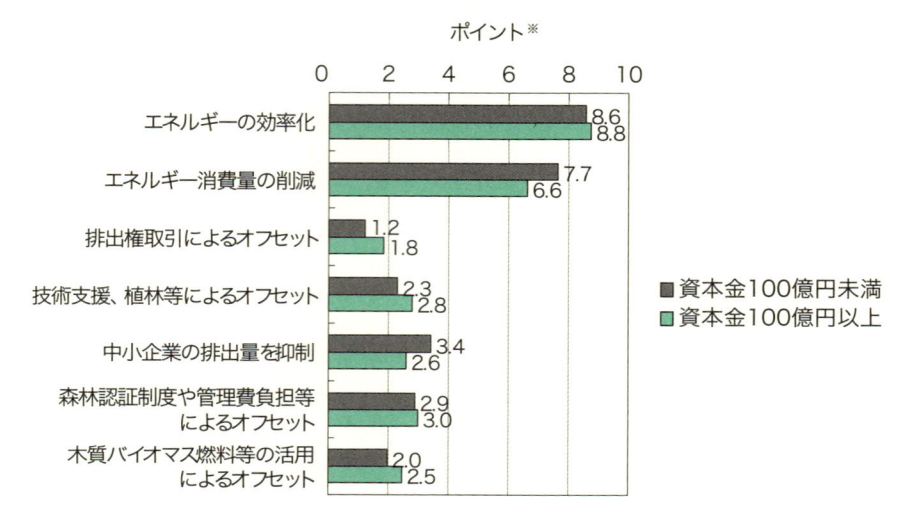

ポイント※

施策	資本金100億円未満	資本金100億円以上
エネルギーの効率化	8.6	8.8
エネルギー消費量の削減	7.7	6.6
排出権取引によるオフセット	1.2	1.8
技術支援、植林等によるオフセット	2.3	2.8
中小企業の排出量を抑制	3.4	2.6
森林認証制度や管理費負担等によるオフセット	2.9	3.0
木質バイオマス燃料等の活用によるオフセット	2.0	2.5

※ポイント値は、優先順位「1位」+10ポイント、「2位」+7ポイント、「3位」+5ポイント、「4位」+3ポイント、「5位」+2ポイント、「6位」+1ポイント、「7位」0として、回答割合により加重平均して算定した。

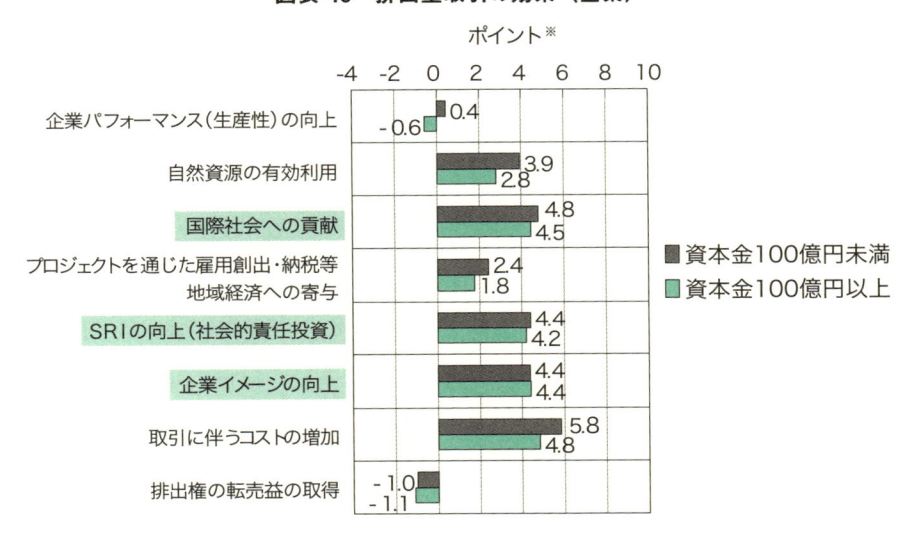

図表 40　排出量取引の効果（企業）

ポイント※

項目	資本金100億円未満	資本金100億円以上
企業パフォーマンス（生産性）の向上	-0.6	0.4
自然資源の有効利用	3.9	2.8
国際社会への貢献	4.8	4.5
プロジェクトを通じた雇用創出・納税等地域経済への寄与	2.4	1.8
SRIの向上（社会的責任投資）	4.4	4.2
企業イメージの向上	4.4	4.4
取引に伴うコストの増加	5.8	4.8
排出権の転売益の取得	-1.0	-1.1

※ポイント値は、「非常に当てはまる」＋10 ポイント、「やや当てはまる」＋5 ポイント、「どちらともいえない」0、「当てはまらない」－10 ポイントとして、回答割合により加重平均して算定した。

　このCSR効果は、CDM（先進国からの資金・技術支援により、開発途上国においてプロジェクトを実施し、削減された温室効果ガスをその先進国の削減目標の達成に利用することができる制度）とJ-VERを比較すると、J-VERのほうが高いと6割以上の企業が回答している（図表 41）。

　取引コストの面からは優位と考えられるCDMクレジットだが、CSR効果の点ではむしろJ-VERクレジットが優位であることから、今後の市場の活性化に期待がかかる。

図表41　CSRの効果比較（企業）

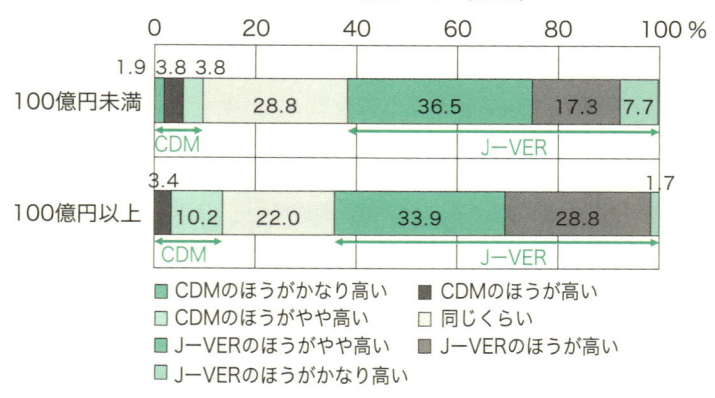

100億円未満	1.9 / 3.8 / 3.8 / 28.8 / 36.5 / 17.3 / 7.7	CDM ← → J-VER
100億円以上	3.4 / 10.2 / 22.0 / 33.9 / 28.8 / 1.7	CDM ← → J-VER

- CDMのほうがかなり高い
- CDMのほうが高い
- CDMのほうがやや高い
- 同じくらい
- J-VERのほうがやや高い
- J-VERのほうが高い
- J-VERのほうがかなり高い

意識調査結果のまとめ

「森林の維持・管理」「環境意識の醸成」の2つのキーワードがあげられる。「森林の維持・管理」には二面性があり、J-VER市場の活性化により「森林の維持・管理」が自律性をもって進展する可能性があるが、J-VER市場が活性化するために、まず「森林の維持・管理」を進める必要がある。

国民の「環境意識の醸成」が進むことによって、消費面でも環境に配慮した企業の商品が売れるなどの選好性が高まり、当該企業はCSR活動のもと、さらにJ-VER市場での取引を進展させることが考えられる。また、国・自治体は、企業へのCO_2排出量の割当てにより、J-VER市場へ誘導を図る可能性がある。

国民は、森林の維持・管理に対して支払い意思額を示していることから、少なくとも便益（経済的評価額）の範囲内においては、財政支出に対して一定の国民的合意が得られるものと考えられる。

以上から、「森林の維持・管理」が促進されることで、森林のCO_2吸収量は向上し、J-VER市場を介しての新たな換価可能性（キャッシュフロー）を高め、市場価値の向上期待が形成されるものと考えられる。この期待性は、割引率に反映されるが、森林のCO_2吸収量がもたらすキャッシュフローと割引率の変化を、現行の森林評価では適切に取り込むことができない。したがって、新たな森林評価システムの開発が、今後社会的に要請さ

れよう。

図表 42　意識調査のまとめ

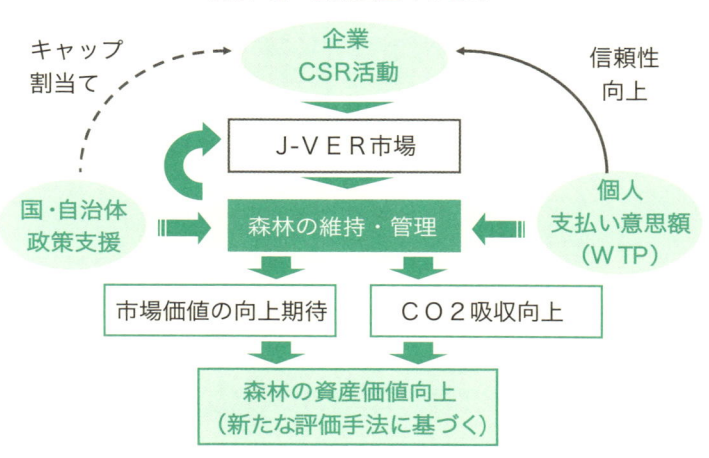

```
        キャップ      →   企業            信頼性
        割当て   - - →   CSR活動    ←    向上
                           ↓
                        J-VER市場
                           ↓
     国・自治体    →   森林の維持・管理   ←   個人
     政策支援                               支払い意思額
                        ↓       ↓         （WTP）
              市場価値の向上期待  CO2吸収向上
                           ↓
                    森林の資産価値向上
                  （新たな評価手法に基づく）
```

❋ コラム ❋

CSRやSRIに対する機関投資家の意識

CSR活動に対する意識変化の時期は、環境省の「環境にやさしい企業行動調査結果」で「環境への企業の取組みはCSR活動の一つである」という問いに、イエスと答えた企業の割合が大きく増えた2005年だと考えられる（図表43）。

図表 43　企業の環境への取組み意識の変化

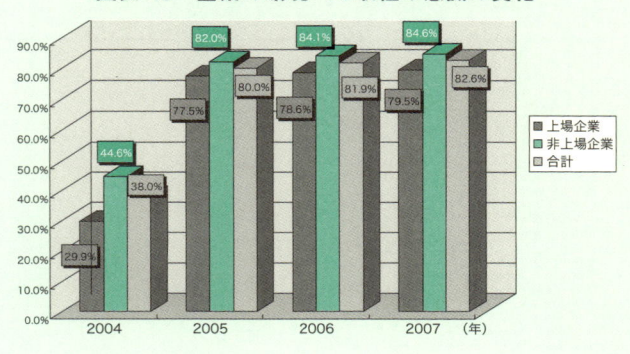

年	上場企業	非上場企業	合計
2004	29.9%	44.6%	38.0%
2005	77.5%	82.0%	80.0%
2006	78.6%	84.1%	81.9%
2007	79.5%	84.6%	82.6%

SRI（社会的責任投資）の額を2007年で比較すると、米国の307兆円に対して我が国は0.9兆円（米国の0.3％）にすぎない（図表44）。我が国のSRIは個人投資家が公募SRI投資信託に投資する程度であり、企業年金基金などの機関投資家は、受託者責任（最小のリスクで最大のリターンを返す責任）のため、SRIが極めて低位に推移しているものと考えられる。

図表44　SRI（社会的責任投資）について

SRI*（社会的責任投資）について
※企業が従来の財務分析による投資判断に加え、社会・倫理・環境等において責任を果たしているかを投資判断とするもの

２００７年
米国のＳＲＩ投資	３０７兆円	(100)
欧州のＳＲＩ投資	１６９兆円	(55)
日本のＳＲＩ投資	0.9兆円	(0.3)

出所：第三次環境基本計画の進捗状況・今後の政策に向けた提言について
（平成２０年１２月　中央環境審議会）

*Socially Responsible Investmentの略

　しかし、2006年に国連環境計画金融イニシアティブ（UNEP FI）が打ち出したPRI（責任投資の原則）により、機関投資家が環境や社会などを投資判断基準に組み込むことが肯定された。
　2008年6月の地球温暖化対策推進本部中間報告では、省エネ・新エネへの投資や、広く様々な環境配慮活動を行う企業の価値向上がもたらされるように、公的年金などの運用を見直すべきであると提言されている。
　また、年金シニアプラン総合研究機構の「SRI及びPRIに関する調査報告書」（2008年1月）によると、企業年金基金などの約3割が、SRIに比較的積極的な取組みをしている。

第4節　建物の省エネルギー・省資源への取組み

不動産の環境性能への注目

　低炭素社会の実現に向けた取組みが進むなかで、不動産の環境性能が注目され始めている。

　公的不動産（PRE）の環境性能基準への取組みは早く、旧建設省が1998年にグリーン調査計画指針を定め、グリーン庁舎基準や営繕グリーンプログラムなどを策定して、官庁施設のライフサイクルを通じた環境負荷の低減、省庁間の連携や地方公共団体等への普及促進を図っている。

　企業不動産（CRE）については、企業の社会的責任（CSR）や省エネ法等への対応の一環とした環境性能の向上の動きはあるものの、目安となる環境性能基準や、不動産価格・収益・利回りへの影響を実証的に示したデータが乏しいことなどから、積極的な環境対応への関心は必ずしも高くなかった。

　しかし、不動産業界ではすでにいくつかガイドラインが作られており、ビルエネルギー運用管理ガイドライン、不動産業における環境自主行動計画、新築分譲マンションにおける環境自主行動計画などがある。

自主的な環境配慮の動き

　省エネ法の改正や条例等の制定・改正を通じてエネルギー等の規制が強化されるなかで、不動産業界における自主的な取組みも進んでいる。

　不動産協会の「不動産業における環境自主行動計画（第5版）」は、オフィスビルを新築する際の設計基準、京都議定書約束期間におけるオフィスを自社使用する際のエネルギー原単位の削減について、初めて数値目標を定めた。

　日本ビルヂング協会連合会の「ビルエネルギー運用管理ガイドライン（オフィスビルにおける地球温暖化対策のより一層の推進に向けて）」は、

CO2削減の意義とビルオーナーが着眼すべき5つのポイント（図表45）、費用対効果を考慮した100の対策メニュー（図表46）、テナントとの協働による対策、エネルギー管理システムの構築、実在するビルでのCO_2削減効果のシミュレーションから構成されている。なお、実際に行われている対策は、不要照明の消灯など、投資不要の運用改善が中心である（図表47、図表48）。

図表45　ビルオーナーが着眼すべき5つのポイント

1. 無駄とエネルギーロスの排除
2. 効率アップ
3. 負荷の平準化
4. 自然エネルギーの利用と排熱等の再利用
5. ビル竣工時からの設定（調整）の見直し

図表46　費用対効果を考慮した100の対策メニュー

	費用対効果を考慮した100の対策メニュー	エネルギー消費先別					
		熱源・搬送	空調・換気	給排水	受変電	照明	建物等	合計
対策分類	設備機器の運用改善	12	15	3	3	2	1	36
	設備機器の改修・更新	6	6	4	2	4	3	25
	設備システムの変更、建物更新時の導入技術	6	7	3	8	5	10	39
	計	24	28	10	13	11	14	100

出典：社団法人日本ビルヂング協会連合会「『ビルエネルギー運用管理ガイドライン』実施状況」

図表 47　ビルエネルギー運用管理ガイドライン実施状況

- 空調設定温度・湿度の緩和、不要照明の消灯など、投資不要の運用改善が中心
- 設備の改修・更新は、節水型器具の導入、蛍光灯への更新など
- 設備システムの変更、建物更新時等の導入技術は、照明スイッチの細分化、空調機のスケジュール運転など

出典：社団法人日本ビルヂング協会連合会
「『ビルエネルギー運用管理ガイドライン』実施状況」

図表 48　ビルの省エネ・省CO2化は運用改善が中心

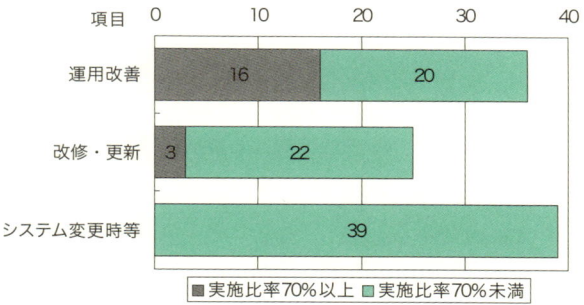

項目	実施比率70%以上	実施比率70%未満
運用改善	16	20
改修・更新	3	22
システム変更時等		39

出典：社団法人日本ビルヂング協会連合会
「『ビルエネルギー運用管理ガイドライン』実施状況」

建物の環境性能評価の動き

　建物の環境性能評価ツールのひとつとして、2001年からCASBEE（キャスビー：建築環境総合性能評価システム）の開発が進められている。

　CASBEEの評価ツールは、(1)建築物のライフサイクルに通じた評価ができること、(2)「建築物の環境品質・性能（Q）」と「建築物の環境負荷（L）」の両側面から評価すること、(3)「環境効率」の考え方を用いて新たに開発された評価指標である環境性能効率（BEE）で評価するという3つの理念に基づいて開発されており、BEE値に応じてS、A、B+、B−、Cの5段階の格付けが与えられる。

　CASBEEの評価項目は、室内環境のように建物グレードの構成要素としてすでに市場で認知されているものや、敷地外環境のように認知度が高くないものもある。また、品質が高く負荷が低いものが、性能が高いと評価される（図表49、図表50）。

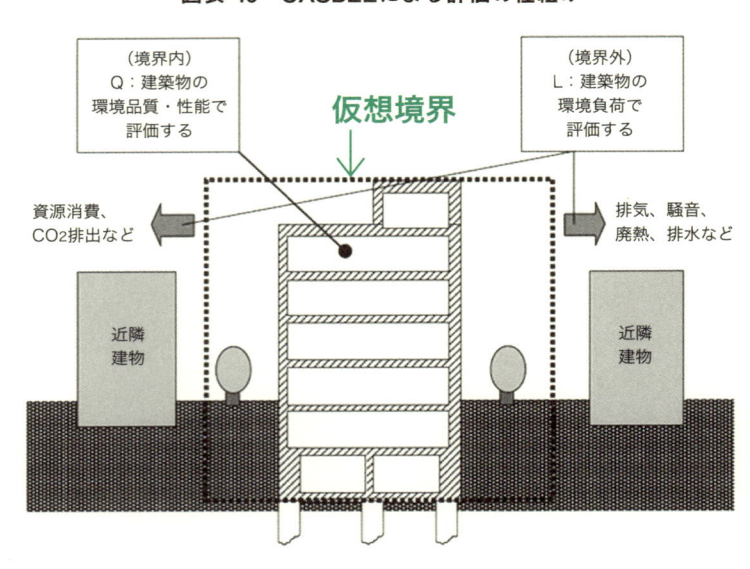

図表49　CASBEEによる評価の仕組み

出典：建築環境・省エネルギー機構（IBEC）ウェブサイト

図表 50　CASBEEの評価項目と環境性能効率（BEE）

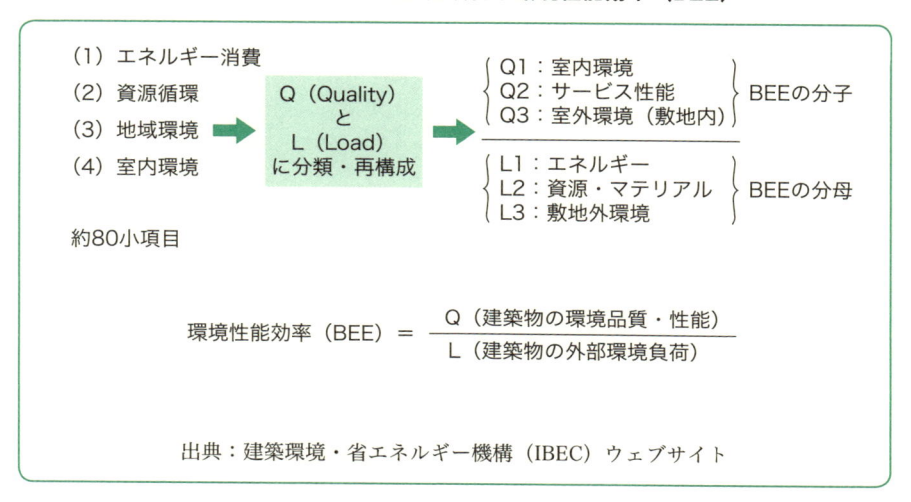

- (1) エネルギー消費
- (2) 資源循環
- (3) 地域環境
- (4) 室内環境

約80小項目

Q（Quality）と L（Load）に分類・再構成

- Q1：室内環境
- Q2：サービス性能
- Q3：室外環境（敷地内）

　　　　　　　　　　　BEEの分子

- L1：エネルギー
- L2：資源・マテリアル
- L3：敷地外環境

　　　　　　　　　　　BEEの分母

$$環境性能効率（BEE）= \frac{Q（建築物の環境品質・性能）}{L（建築物の外部環境負荷）}$$

出典：建築環境・省エネルギー機構（IBEC）ウェブサイト

　CASBEEは、設計者等の環境配慮設計のための自己評価ツールとして、また、建築行政での活用や建物の資産評価等に利用可能な環境ラベリングツールとして利用されることを目的に開発されたものだが、CASBEEの評価結果を第三者に提供する場合にはその信頼性や透明性の確保が重要となるため、評価認証制度も設けられている（図表51）。

　なお、CASBEEは、府県や政令指定都市を中心とする自治体での活用も進んでいる。

図表51　CASBEE認証例

CASBEE評価内容
CASBEE-新築
評価ツール CASBEE-NC_2004v1.2
認証番号 IBEC-C0005-NC(c)
交付日 2005年9月7日

建物名称	竹中工務店東京本店	敷地面積	23,383㎡
建物用途	事務所	建築面積	5,904㎡
建設地	東京都江東区新砂1丁目1番1号	延床面積	29,747㎡
気候区分	地域区分IV	階数	7階
地域・地区	工業専用地域	構造	S造
竣工年(予定)	2004年9月30日	平均居住人員	2,200人
		年間使用時間	3,120時間/年

建築物の環境性能効率
（BEE：Building Environmental Efficiency）
BEEによる建築物のサステナビリティランキング

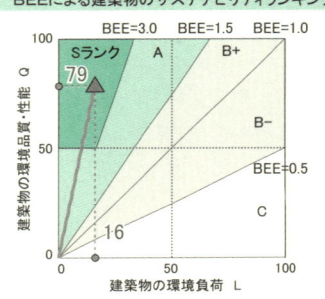

Sランク 79

$$BEE = \frac{建築物の環境品質・性能 Q}{建築物の環境負荷 L} = \frac{25 \times (S_Q - 1)}{25 \times (5 - S_{LR})} = \frac{79}{16} = 4.9$$

建築物の環境品質・性能と環境負荷低減性
レーダーチャート

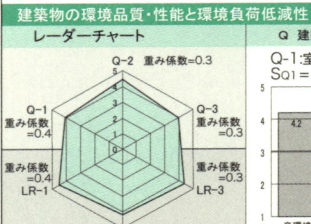

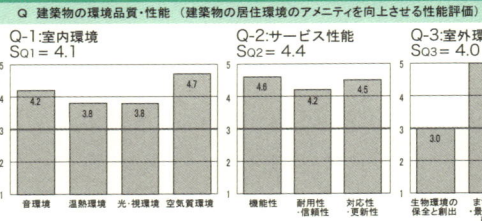

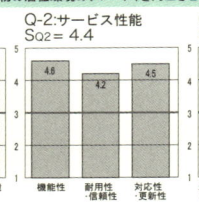

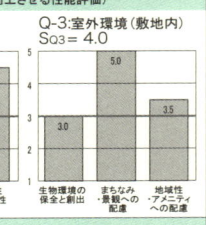

Q 建築物の環境品質・性能 （建築物の居住環境のアメニティを向上させる性能評価）

Q-1:室内環境　$S_{Q1} = 4.1$
- 管理 4.2
- 温熱環境 3.8
- 光・視環境 3.8
- 空気質環境 4.7

Q-2:サービス性能　$S_{Q2} = 4.4$
- 機能性 4.6
- 耐用性・信頼性 4.2
- 対応性・更新性 4.5

Q-3:室外環境(敷地内)　$S_{Q3} = 4.0$
- 生物環境の保全と創出 3.0
- まちなみ・景観への配慮 5.0
- 地域性・アメニティへの配慮 3.5

LR 建築物の環境負荷低減性 （建築物の環境負荷を低減させる性能評価）

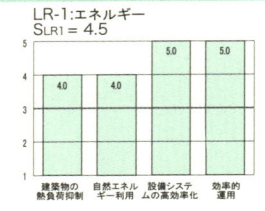

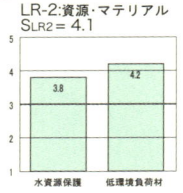

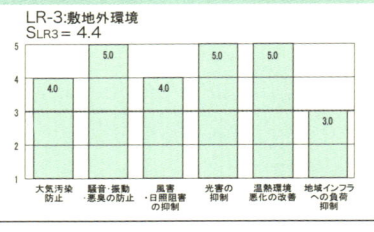

LR-1:エネルギー　$S_{LR1} = 4.5$
- 建築物の熱負荷抑制 4.0
- 自然エネルギー利用 4.0
- 設備システムの高効率化 5.0
- 効率的運用 5.0

LR-2:資源・マテリアル　$S_{LR2} = 4.1$
- 水資源保護 3.8
- 低環境負荷材 4.2

LR-3:敷地外環境　$S_{LR3} = 4.4$
- 大気汚染防止 5.0
- 騒音・振動・悪臭の防止 4.0
- 風害・日照阻害の抑制 5.0
- 光害の抑制 5.0
- 温熱環境悪化の改善 5.0
- 地域インフラへの負荷抑制 3.0

出典：建築環境・省エネルギー機構（IBEC）ウェブサイト

自治体版CASBEE（建築物環境計画書制度）

　2010年4月現在、名古屋市、大阪市、横浜市など全国21の自治体が、一定規模（床面積2,000㎡または5,000㎡）以上の建築物の新築・増築等の際に、CASBEEの評価書を添付した建築物環境計画書の届出を義務付けている（自治体版CASBEE、図表 52）。

　CASBEEを利用している自治体の多くは、地域性や政策等を勘案して評価基準や評価項目間の重み係数の変更をして重点項目のウェイトを高めるなどの修正を行っており、それぞれ「CASBEE名古屋」「CASBEE大阪」「CASBEE横浜」などの通称で呼ばれている。

　CASBEEの届出の内容は、各自治体がウェブサイト等で公表しており、自主的な環境配慮の取組みを促している。

　建築環境・省エネルギー機構（IBEC）によると、2008年度末までの自治体版CASBEEの届出件数は、3,859件となっている。

図表52　自治体版CASBEEの概要

No.	自治体名	施行年月日	届出義務のある行為	届出義務のある床面積 ※1 ※2	2008年度末までの提出件数	特徴等	担当	URL
1	名古屋市	2004/4/1	新築 改築 増築	2,000㎡超	994	・基本設計段階の評価がSランクとなるものは容積率制限の緩和が受けられる（総合設計制度指導基準）。	住宅都市局建築指導部建築指導係	http://www.city.nagoya.jp/jigyou/kenchiku/kaihatsutakuchi/jigyoubetsu/todokede/kankyouhairyo/nagoya00023558.html
2	大阪市	2004/10/1	新築 増築	容積率対象床面積5,000㎡超	377	・敷地面積が1,000㎡以上の総合設計制度適用建物も対象（B＋ランク以上とすることが許可要件）。	計画調整局建築指導部建築確認担当	http://www.city.osaka.lg.jp/keikakuchosei/page/0000009302.html
3	横浜市	2005/7/1	新築 改築 増築	2,000㎡以上	431	・市の認証制度がある。 ・建築物環境性能表示制度がある（販売又は賃貸を目的として建築する建築物が対象）。 ・市街地環境設計制度の適用対象とする建築物は、格付けがAランク以上となるように努め（Aランクとならない場合でもB＋とする。また、高さが45mを超え、かつ20,000㎡を超える建築物はAランク以上が義務）。	建築局建築審査部建築環境課	http://www.city.yokohama.lg.jp/kenchiku/center/kankyo/casbee/
4	京都市	2005/10/1	新築 増築	2,000㎡以上	286		環境政策局地球温暖化対策室	http://www.city.kyoto.lg.jp/kankyo/page/0000022567.html
5	京都府	2006/4/1	新築 増築	2,000㎡以上	115	・京都市内を除く	地球温暖化対策課	http://www.pref.kyoto.jp/tikyu/tokuteikenchiku.htm
6	大阪府	2006/4/1	新築 増築	容積率対象床面積5,000㎡超	276	・大阪市内を除く	住宅まちづくり部建築指導室審査指導課建築環境・設備グループ	http://www.pref.osaka.jp/kenshi_shinsa/casbee_index_html/index.html
7	神戸市	2006/8/1	新築 改築 増築 等	2,000㎡以上	308	・大規模修繕又は大規模模様替えも届出対象	都市計画総局建築指導部建築安全課	http://www.city.kobe.lg.jp/business/regulation/urban/casbee/index.html
8	川崎市	2006/10/1	新築 改築 増築	5,000㎡超	125	・分譲共同住宅環境性能表示制度がある（分譲共同住宅の用途の建築物が対象）。 ・B＋ランク以上が総合設計制度の許可要件	環境局環境評価室	http://www.city.kawasaki.jp/30/30kansin/home/casbee/casbee.htm
9	兵庫県	2006/10/1	新築 改築 増築 等	2,000㎡以上	430	・大規模修繕又は大規模模様替えも届出対象	県土整備部住宅建築局建築指導課	http://web.pref.hyogo.jp/wd30/wd30_000000015.html
10	静岡県	2007/7/1	新築 改築 増築	2,000㎡以上	342		くらし・環境部建築住宅局建築安全推進課建築確認検査室	http://www.pref.shizuoka.jp/kenmin/km-340/casbee/top.html

第2章　低炭素社会と不動産

No.	自治体名	施行年月日	届出義務のある行為	届出義務のある床面積 ※1 ※2	2008年度末までの提出件数	特徴等	担当	URL
11	福岡市	2007/10/1	新築 改築 増築	5,000㎡超	55	・総合設計の許可基準で、格付けをB+以上とすることが必須とされている。	都市住宅局建築指導部建築審査課	http://www.city.fukuoka.lg.jp/jutaku-toshi/shinsa/life/kentikubutu-kankyouhairyo/index.html
12	札幌市	2007/11/1	新築 改築 増築 等	2,000㎡以上	97	・修繕、模様替、建築物への空気調和設備等の設置又は改修も届出対象	環境局環境都市推進部エコエネルギー推進課	http://www.city.sapporo.jp/kankyo/casbee/
13	北九州市	2007/11/1	新築 改築 増築	2,000㎡以上	23		建築都市局建築指導課	http://www.city.kitakyushu.jp/pcp_portal/contents?CONTENTS_ID=20437
14	さいたま市	2009/4/1	新築 改築 増築	2,000㎡以上	—	・総合設計制度許可取扱基準で、格付けがA以上の計画となるように努めることとされている。	建設局建築部建築総務課	http://www.city.saitama.jp/www/contents/1231391667221/index.html
15	埼玉県	2009/10/1	新築 改築 増築	2,000㎡以上	—	・さいたま市内及び川越市内を除く ・本制度における格付けがB+以上とすることが総合設計制度等の許可の要件となっている。	都市整備部建築安全課	http://www.pref.saitama.lg.jp/site/kankyohairyoseido
16	愛知県	2009/10/1	新築 改築 増築	2,000㎡超	—	・名古屋市内を除く	建設部建築担当局住宅計画課建築環境グループ	http://www.pref.aichi.jp/0000021890.html
17	神奈川県	2010/4/1	新築 改築 増築	5,000㎡超	—	・横浜市内及び川崎市内を除く	環境農政局環境部地球温暖化対策課	http://www.pref.kanagawa.jp/osirase/05/0514/keikakusyo/building/top.html
18	千葉市	2010/4/1	新築 改築 増築	5,000㎡以上	—	・総合設計許可取扱基準で、総合設計制度を適用し許可申請をしようとする者は、規模にかかわらず届出を行い、環境性能評価がAランク以上となるよう努めることとされている。	都市局建築部建築指導課	http://www.city.chiba.jp/toshi/kenchiku/shido/casbee(gaiyo).html
19	鳥取県	2010/4/1	新築 改築 増築	2,000㎡以上	—		生活環境部くらしの安心局住宅政策課	http://www.pref.tottori.lg.jp/dd.aspx?menuid=97239
20	新潟市	2010/4/1	新築 改築 増築	2,000㎡以上	—		建築部建築行政課建築審査係	http://www.city.niigata.jp/info/kenchiku/casbee/casbeeniigata.htm
21	広島市	2010/4/1	新築 改築 増築	2,000㎡以上	—		都市整備局指導部建築指導課	http://www.city.hiroshima.lg.jp/www/contents/0000000000000/1245675141674/index.html

※1 届出義務のない建築物について、任意の届出を認めている場合がある。
※2 改築・増築の場合は、改築・増築部分に係る面積（大阪市・大阪府を除く）

東京都の建築物環境計画書制度

東京都は、2002年6月から建築物環境計画書制度を施行した。2005年10月からヒートアイランド対策を評価項目に追加し、2010年1月からは届出対象拡大や省エネルギー性能評価書制度の新設等の制度強化が行われている。

この制度は、建築物における環境配慮の全体像を明らかにすること、優れた環境配慮の取組みを行った場合にはそのレベルを評価することなどにより、環境に配慮した質の高い建築物が評価される市場の形成と、新たな環境技術の開発を促進していこうとするところにねらいがある。また、従来型の規制的な手法ではなく、建築主の自主的な取組みを促そうとする点が特徴となっている。

対象建築物は、延べ面積10,000㎡（2010年10月以降は5,000㎡）を超える新築・増築を行う建築物に計画書の届出義務がある。また、延べ面積2,000㎡以上の新築・増築を行う建築物は、2010年10月以降、計画書を任意で提出することができる（図表53・図表54）。

2010年1月からの制度強化では、上記のほか、マンション環境性能表示義務の対象拡大（賃貸マンションにも表示を義務化）、再生可能エネルギー利用設備の導入検討義務、省エネルギー性能基準の設定と義務化、省エネルギー性能目標値の確保が行われた。

図表53　東京都の建築物環境計画書制度の対象

計画書任意提出	計画書提出義務	
2,000㎡以上 特定建築物 （計画書を提出した場合に限る）	5,000㎡超 大規模特定建築物	10,000㎡超 特別大規模特定建築物 ・省エネルギー性能基準 ・省エネルギー性能目標値【特定開発事業のみ】 ・省エネルギー性能評価書
	・再生可能エネルギー利用設備導入検討　・マンション環境性能表示	
	特定マンション（分譲及び賃貸）	

図表54　東京都の建築物環境計画書制度に基づく主な義務

	建築物環境計画書の届出義務	省エネルギー性能評価書の交付義務	再生可能エネルギー利用設備の導入検討義務	マンション環境性能表示義務
特別大規模特定建築物	あり	あり（※2）	あり	あり（※4）
大規模特定建築物	あり	なし	あり	あり（※4）
特定建築物	なし（※1）	なし	なし（※3）	なし（※5）

（※1）任意で建築物環境計画書を提出することが可能である。
（※2）住宅、倉庫、工場、駐車場等は除く。
（※3）建築物環境計画書を任意で提出した場合は、導入検討が必要である。
（※4）住宅用途の建築物に限られる。また、建築物環境計画書届出義務の対象となる建築物が複合用途の場合は、マンション用途の延床面積が2,000㎡以上の建築物が対象となる。
（※5）建築物環境計画書を任意で提出した場合は、マンション環境性能表示が可能である。

✱ コラム ✱

排出量取引の不動産経営への影響

　排出量取引の不動産経営への影響を、東京都の排出総量削減義務と排出量取引制度で試算してみた。

　年間の排出量が1㎡当たり0.1t-CO2（東京都地球温暖化対策計画書による平均的な排出量）、延床面積3万㎡の標準的なオフィスビルで試算した。

　2010年度からの5年間、削減を義務付けられる排出量は、図表55のとおり年間240tになる。このうち半分を自ら削減し、残りの半分を排出量取引により購入すると、年間180万円分の排出量購入が必要となる。

　排出量価格は東京都が想定するトン当たり15,000円で計算したが、排出量は市場で売買されることとなっており、価格変動により影響も変動する。

図表 55　不動産経営への影響

- 平均的なオフィスビルの基準排出量
  　　0.1t/㎡・年　（東京都地球温暖化対策計画書による）
- 延床面積3万㎡のビルの排出総量削減義務
  　　3万㎡×0.1t/㎡・年×8％＝240t/年
- 削減義務の半分相当の排出量を東京都の想定する価格（1.5万円/t）で購入した場合
  　　240t/年×0.5×1.5万円/t＝180万円/年
- 排出量購入費用を5％で還元すると
  　　180万円/年÷5％＝3,600万円
- 取引の場合は新所有者が義務を負う（最長5年分）

第5節　不動産価格のシミュレーション

　省エネ性等の環境性能は不動産市場での認識が低く、不動産価格にまだ反映されていないが、近い将来にリスクとして想定できる光熱費増加と排出量取引の導入が、純収益と還元利回りに与える影響をシミュレーションした。

　シミュレーションは、実際の収支や利回りの変化をみたほうが分かりやすく実感しやすいと考え、収益還元法を前提とした。収益還元法で求める収益価格は、純収益を還元利回りで割ったもので、総収入が増加すれば上がり、総費用が増加すれば下がる。また、還元利回りが上昇すれば割り算の分母が大きくなるので、収益価格は下がる（図表 56）。

図表 56　価格への影響（収益価格）

```
収益価格
　　＝　純収益　　　　　　　÷　還元利回り
　　＝（総収入－総費用）　　÷　還元利回り
価格への影響
・総収入の増加（家賃増など）　→　上がる
・総費用の増加（光熱費増など）→　下がる
・還元利回りの上昇（リスク上昇）→　下がる
```

　今回は、規範性のあるデータの入手が困難であったことから、設備機器は変えず、エネルギー消費量も変わらない場合を想定した。不動産市場の認識が低いという現状から収入の増加は当面見込めないこととし、費用に光熱費増加分と排出量購入費用を全額オーナー負担として上乗せしている（図表 57）。

図表 57　シミュレーションの前提

- 設備機器は変えず、エネルギー消費量も変わらないものとする
  → 設備機器の運用改善や設備機器等の改修・更新・設備システムの変更等は試算の前提としない（規範性のあるデータの入手が困難）
- 収入の増加は当面見込めない
- 費用の増加は考えられる
  → 光熱費の増加、排出量取引によるもの

　光熱費は、太陽光発電の全量買取制度等による上昇が想定されることから、横ばい、5％上昇、10％上昇の3つの場合を前提とした。排出量削減義務は、ない場合とある場合（自ら削減せず全量を取引で賄う場合）を前提とした。

　シミュレーションに用いた建物は、延床面積約85,000㎡、レンタブル比（賃貸可能面積）約56％の実在する超高層の賃貸用オフィスビルである。エネルギー使用量は原油換算で約6,000klであり、二酸化炭素の排出量は年間約9,000t（1㎡当たり約0.1tで、標準的なオフィスビルと同程度）である。CASBEE既存の簡易版ではAランクのビルである。収支項目は指数で表し（図表58）、潜在総収益（満室稼働時に想定される総収入）を100とし、運営費用は総収益を構成する賃料水準によって変わるものの、今回は実績値から40とした。

　排出量の取引価格は、東京都の想定するトン当たり15,000円を採用した。

　分析は、還元利回りに織り込んだ場合（価格形成要因としてキャッシュフローに反映される前に市場参加者がリスクを考慮した場合の影響）と、すでに価格形成要因として純収益に影響を与えている場合の2つについて行った。

図表 58　シミュレーションしたビルの収支項目

- 潜在総収益：100
- 運営収益：93.0
- 運営費用：40.0
- 運営純収益：53.0
- 純収益：38.1

- 維持管理費：22.3
- 水道光熱費：24.4 （水道代：4.5、光熱費：19.9）
- 修繕費：17.1
- ＰＭフィー：4.9
- ＬＭフィー：1.1
- 公租公課：27.1
- 損害保険料：0.8
- その他：2.4

　その結果、このビルの還元利回りが6％の場合の純収益をみると、排出量削減義務がなく光熱費が5％上昇する場合と、排出量削減義務があり光熱費が横ばいの場合は、純収益は約1％減少した。排出量削減義務がなく光熱費が10％上昇する場合と、排出量削減義務があり光熱費が5％上昇する場合は、純収益は約2％減少した。そして、排出量の削減義務があり光熱費が10％上昇する場合は、純収益は約3％減少した（図表59）。

　また、還元利回りへの影響は、光熱費が10％上昇し、排出量の削減義務がある場合は、約0.2％となった（図表60）。

　金額で考えると、純収益が20億円の物件だとすると、還元利回りが6％であれば、収益価格は20億円÷6％＝333億円の物件になる。純収益の減少は3％で6,000万円となる。還元利回りが6％から6.2％に上昇すると、収益価格は約333億円から約323億円へ約10億円下がる。

図表 59　純収益の減少

		光熱費の増加		
		なし	5%	10%
排出総量 削減義務	なし	0%	−0.9%	−1.8%
	あり （すべて購入）	−1.2%	−2.1%	−3.0%

図表 60　還元利回りの上昇

		光熱費の上昇		
		なし	5%	10%
排出総量 削減義務	なし	6.00%	6.05%	6.11%
	あり （すべて購入）	6.07%	6.13%	6.19%

図表 61　シミュレーションの結果

- 設備機器は変えず、エネルギー消費量も変わらないものとし、収入の増加も当面は見込めないとすると、
- 光熱費の増加、排出量取引義務化による費用の増加の影響は、
  → 還元利回りに織り込むと、0.2%程度上昇
  → 純収益に織り込むと、3%程度減少
  → これが現時点で考え得る影響である

　以上のシミュレーションの結果、設備投資をせず、エネルギー消費量も現状のままであり、収入の増加も当面は見込めないなかで、光熱費の増加、排出量規制による費用の増加がオーナー負担となった場合の影響は、将来見込まれるリスクを還元利回りに織り込む場合、最大で0.2%程度還元利回りが上昇する結果となった。また、これがキャッシュフローに反映された場合、純収益は最大で3%程度減少するという結果になった（図表 61）。

近い将来に光熱費の増加や排出量規制があった場合に、何も手を打たなかった場合には、価格を下げる要因となり得るということである。

今回のシミュレーションでは、光熱費増加と排出量規制の2つの要因に絞っているが、この結果を別の視点でみれば、設備等の改修や改善を行えば、あるいは設備投資を伴わない運用改善により光熱費を減少させることができれば、その物件は他物件と比較して競争力が優る結果になるのではないだろうか。

なお、設備投資により運営費用を削減する場合には、投資額の回収可能性や運営費用削減の実現性を含めて検討する必要がある。設備などの専門家が実際にそれを行うのが、いわゆる省エネ診断業務である。

✤ コラム ✤

テナント属性等は不動産の価格形成要因か？

　不動産鑑定評価では、テナント（借主）の属性は主に撤退リスクや稼働の安定性等を勘案する際に考慮する。テナントの建物の使い方に関しては、主に物理的使用による破損や摩滅等でオーナー負担となる費用に着目している。

　将来、低炭素社会の認識が定着したときの価格形成要因を想像してみると、不動産鑑定評価基準に賃貸用不動産に関する個別的要因の項目として挙げられている「賃貸経営管理の良否」として、借主の状況、貸室の稼働状況、賃貸借契約の内容等が考えられる。

　借主の状況については、「不要な照明はつけない等、環境配慮に取り組んでいるかどうか」や、そのテナントのエネルギー使用量の程度等まで把握しなければいけなくなるかもしれない。

　貸室の稼働状況については、エネルギー使用量とリンクするが、「テナントごとの稼働時間はどの程度になるのか」、「24時間稼働するようなテナントなのか、あるいはある程度定時で帰るテナントなのか」等により、エネルギーの使用量が変わってくる。

　賃貸借契約の内容については、千差万別だと思うが、契約で定めている項目以外に、任意で館内規程等が結ばれている場合もある。例えば、共用部のトイレの照明を「使う時だけつけてください」等、照明が自動で消えるようになっていない場合は、そのような館内規程が作られているかもしれない。そのような規程について、今後、履行状況に問題があるのではないか等まで把握分析しなければならない状況になるかもしれない。

　将来、低炭素社会の認識が広まっていくなかで、このような価格形成要因がさらに増えてくるかもしれないと考えている。

第6節　森林評価からみた今後の課題

森林の現状

　我が国は、国土面積の約67％が森林であり、森林資源の豊かな国のひとつである（地球全体では森林は陸域面積の約30％）。我が国の森林面積の約40％を占める人工林は戦後の植林で増加しており、林野庁によると森林蓄積量は1980年の25億㎥から2007年の44億㎥へと大幅に増加している。現在も過去最高の更新を続けており、日本の森林資源は、成熟期を迎えている。

　しかし、低価格輸入材の影響等で一部を除いて森林経営が成立しない状況下にあり、間伐等の管理が満足に行われずに森林荒廃が相当に進んでいる。

　現在の状態が放置され続けることは、林業生産にとって大きな損失であるばかりではなく、森林の持つ国土の保全、地球環境保全（CO2吸収等）、生物多様性保全等の多様な機能も失われることになる。

林家の現状

　私有林の所有構造や林業事業体の事業規模は小規模零細であり、個々の森林所有者が単独で効率的な施業を実施することは困難である。

　2005年農林業センサスによると、「林家」（保有山林面積が1ha以上の世帯）の数は約92万戸で、そのうち57％が3ha未満の保有である。また、①保有山林面積が3ha以上かつ過去5年間に林業作業を行うか森林施業計画を作成している、②委託を受けて育林を行っている、③委託や立木購入により200㎥以上の素材生産を行っているのいずれかに該当する「林業経営体」の数は20万経営体であり、そのうち64％が10ha未満の保有である。林業経営体の95％は非法人でその大部分が家族林業経営であり、林業収入が生計に占める割合は低位である。

我が国の森林所有者は、保有山林面積の小さい森林所有者が大多数を占めている。近年は、大規模な森林を所有する林家において、相続を契機に森林が細分化する例や経営の規模が縮小する例、また、後継者が林業経営自体を放棄する例もみられる。

　山村の過疎化や高齢化により、森林所有者が家族や集落の助力による労働力のみで植栽、保育、間伐、主伐等の作業を行うことは困難となってきており、保有山林面積が大きい場合は、雇用労働力に頼るか、作業を外部委託するかである。林家は、木材価格の長期低迷による林業採算性の悪化から、雇用労働力を抱え込むことは困難であり、保有山林規模にかかわらず、森林組合や素材生産業者等の林業事業体に施業を委託することが一般的となっている。

山林素地及び山元立木価格調

　㈶日本不動産研究所は、公益事業の一環として定期調査を行い、3月・9月末の年2回「市街地価格指数」「全国木造建築費指数」、3月末の年1回「田畑価格及び小作料調」「山林素地及び山元立木価格調」、9月末の年1回「全国賃料統計」、4月・10月1日の年2回「不動産投資家調査」の調査結果を公表している。

　「山林素地及び山元立木価格調」は、都道府県で林業事情を最もよく反映するとみられる市町村約1,000を選定し、山林素地価格は当該市町村の山林を立地条件等によって「上の中・普通・下の中」の品等に区分した用材林地（針葉樹林地）・薪炭林地（広葉樹林地）別について、また、山元立木価格は杉・桧・松・薪炭材別の各3月末現在の価格について、市町村役場または森林組合等に調査票を送付し回答を得ている。

　山林素地価格は、林地を林地として利用する売買の価格を調査するため、「宅地見込みまたは観光開発等により著しく高額な価格」を除いた普通品等の実測10a当たりの価格である。

　山元立木価格は、規格が末口径20～22㎝、長さ3.65～4m程度の並丸太（利用材積という）について、最寄木材市場渡し素材価格から伐木・造材及び運搬費等の生産諸経費を差し引いた利用材積1㎥当たりの価格であ

る。

　山林素地価格は1940年、山元立木価格は1946年から日本勧業銀行（現在、みずほ銀行）が調査を行った事績に連続する。

林地価格の動向（山林素地価格）

　2009年3月末現在の全国平均の10a当たりの山林素地価格は、用材林地52,747円、薪炭林地が34,851円で前年に比べ用材林地は△4.3％、薪炭林地は△2.7％低下した。これは、最近になって山林管理への関心が散見されるものの、林業経営の収益性が低迷していることから引き続き下落した。林地の価格は、1992年以降18年連続低下となった（図表62）。

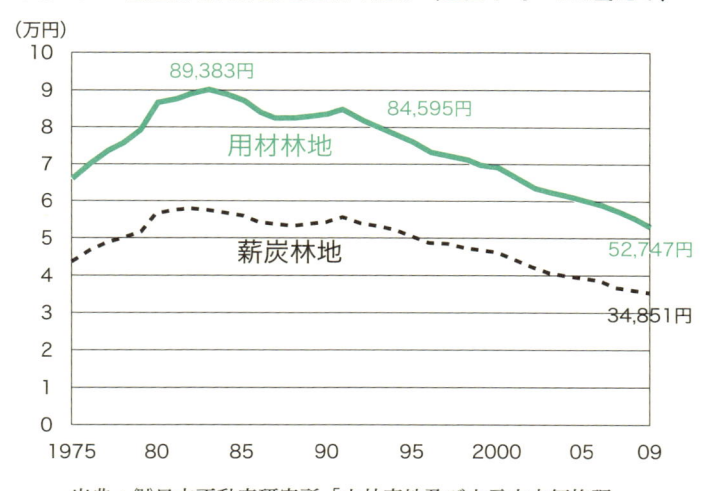

図表62　普通品等山林素地価格の推移（全国平均・10a当たり）

（万円）

用材林地　89,383円　84,595円　52,747円
薪炭林地　34,851円

出典：㈶日本不動産研究所「山林素地及び山元立木価格調」

用材林地が下落した理由をみると、①「木材価格が下落した」42.4％、②「建築用材の需用が減少した」30.4％、③「買い手がない」27.7％、④「林業経営の先行き不安」22.7％の順である。①と②は、立木価格の下落の要因で林業収入の減少に結びつく理由であり、③と④は、林地の需給面に関する要因である。

　林地価格の下落を価格割合でみると、用材林地（全国平均）で2009年の52,747円/10aは、1991年の84,595円/10aに対して62.3％、最高値を記録した1983年の89,383円/10aに対して59.0％となっている。最高値からの下落を価格割合で比較すると、立木価格では、2009年の杉立木価格は、最高値を記録した1980年の11.2％となっており、林地価格の最高値からの下落に比べて非常に大きな下落を記録している。立木価格の動向は、林業収入に直結する要因であるが、林地価格の変動は、立木価格の変動と方向性は同じくするが、その反応度は小さい傾向がうかがえる。

　近年において、立木価格の林地価格に対する影響度は、価格の牽連性は認められるものの、価格水準を説明する相関関係は低いものと考えられる。理論的に林業収益の源泉と考えられる立木価格の林地価格への相関が低いことは、木材価格の長期低迷から近年の底割れ状態により、林地に対する投資採算性はすでになく、林地価格を収益性では説明できない市場構造になっているためと考えられる。

　林地は、立木に随伴して取引されることが通常であり、木材価格の長期低迷を背景に、森林所有者の森林経営に対する意欲が減退し、将来見通しの不安や後継者問題もあいまって、施業のみならず所有を放棄し、山林（林地と立木）そのものを大規模林家や林業事業者等へ売却する場合や、主伐収入の減少から林地売却により収入を確保したいというニーズや再造林費用のハードル等の理由により、素材生産業者へ立木の土地付売買を働きかける場合等の取引の態様が多く見受けられるようになってきている。

　林地は、本来的に販売用不動産ではないが、その需給動向は、森林所有者の林業経営に対する意欲の低下が林地の供給圧力として存在する反面、需要者側の大規模林家や素材生産業者にも再造林費用がハードルとなって積極的に取得しないため、取引は低位で推移し、価格も底這い状態となっている。

立木価格の動向（山元立木価格）

　山元立木価格とは、最寄木材市場渡し素材価格から伐木・造材及び運搬費等の生産諸経費を差し引いた利用材積1㎥当たりの価格をいう。

> 山元立木価格 ＝ 最寄木材市場渡し素材価格 − 生産諸経費等

　杉立木価格は、2007年の調査においては1990年以来17年ぶりに上昇に転じたものの、その後住宅着工戸数が低迷に転じたことに加え、2008年秋からの需要の減少により素材価格が急落した。最近は、杉の小径木需要や合板用需要などにより素材価格が下支えされてきたが、今回の世界的な経済不況により需要が急冷したため杉素材価格は底割れ状態となった。特に林業経営者の丹精した高齢級の素材価値が評価されない市場環境となったことが、杉立木価格の下落を招いている。

　桧については、住宅への無垢材指向が根強いものの、経済性などから外材集成材を利用する傾向となっているため、桧の需要が減少し山元立木価格が低下した。

　2009年3月末現在の全国平均の利用材積1㎥当たりの山元立木価格は、杉が2,548円、桧が7,850円、松が1,466円で、前年に比べ杉が△19.5％、桧△16.8％、松△10.5％の下落となった。これは、世界的な経済不況の影響により2008年秋季から住宅着工戸数が激減したことに伴い、木材需要が急速に減少し素材価格が下落したことによると考えられる。

　木材市況の長期低迷の背景を簡単に整理すると、ガット・ウルグアイ・ラウンド、WTO等の多国間貿易交渉では、林産物は、非農産物として鉱工業製品に分類されているように、農産物に比べ保護貿易の解除が早く、1964年に林産物貿易の自由化が行われ、徐々に関税が引き下げられている。さらに、1971年のニクソンショック以降、為替が3倍以上の円高に振れ、安い輸入材が入ってくるようになった。これと同時並行して、建築工法等の変化により均質の木材の安定供給が求められたが、国産材がこれに対応できず国産材離れが進んだことにより、国産材価格は、構造的に長期低迷することとなった。これに加え、2000年の「住宅品確法」の施行に伴い、構造材としての杉グリーン材需要の減少から、特に杉立木価格の下

落に拍車をかけた。

　杉立木価格は、2007年の調査においては、中国の木材需要拡大、インドネシアの森林保護対策、ロシアの木材輸出関税の強化等により外材供給の環境が変化し、杉の小径木需要や合板用需要等の国産材需要が回復に向かい、1990年以来17年ぶりに上昇に転じたものの、その後住宅着工戸数が低迷に転じたことに加え、2008年秋からの経済不況により需要が急冷したことが追い打ちをかけ、杉素材価格は底割れ状態となった。このため、2009年3月末現在の杉立木価格は最高値であった1980年（22,707円）の11.2%の2,548円（1952年の水準）、同桧立木価格は最高値であった1980年（42,947円）の18.3%の7,850円（1960年頃の水準）となっている（図表63）。

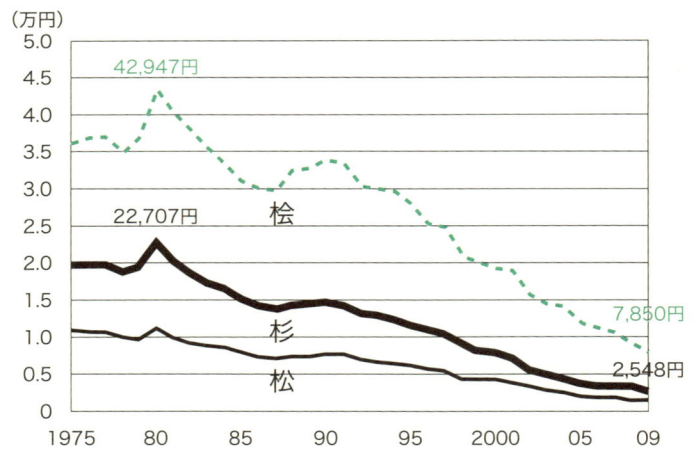

図表63　山元立木価格の推移（全国平均・1㎥当たり）

出典：㈶日本不動産研究所「山林素地及び山元立木価格調」

　森林は、生産期間の超長期性により、長期間には大きな物価（木材価格や林業労賃）の変動等の影響を免れないこと等の特性を有している。また、近年の立木価格の底這い状態により、既存の森林評価手法の適用に大きな制約が出てきている。

林地評価

林地の評価方法は3つの手法がある（図表 64）。

図表 64　林地の評価方法

> 林地の評価においても鑑定評価の三方式の考え方に基づくものであるが、収益回収期間の長い森林の特性から評価手法の適用にあたっては、実務上の対応が必要となる。
>
> - 原価方式による原価法
> - 比較方式による取引事例比較法
> - 収益方式による林地期望価法

取引事例比較法が林地評価の中心的手法となっている。

原価法は、再調達原価の把握が困難であり、収益方式による林地期望価法は、木材市況が底割れ状態により、主伐収入が激減するなかで、長期間の造林費後価合計を控除した差引額がマイナスとなる場合が多く、適用は困難となっている。

立木評価

立木の評価手法は、図表 65 及び図表 66 に示すとおりである。

図表 65　立木の評価方法

立木の評価においても鑑定評価の三方式の考え方に基づくものであるが、立木は、成長資産であることから、成長の程度、状況等に応じて異なった手法が用いられ、また、丸太としての市場価格の有無に沿って具体的手法が適用されている。

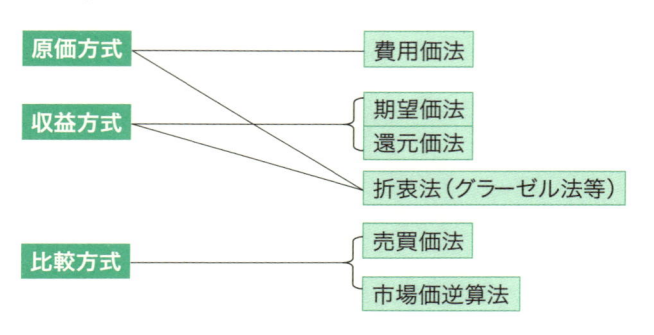

- 原価方式 ── 費用価法
- 収益方式 ─┬ 期望価法
　　　　　　└ 還元価法
- （原価方式・収益方式）── 折衷法（グラーゼル法等）
- 比較方式 ─┬ 売買価法
　　　　　　└ 市場価逆算法

出典：小倉康彦・小倉康秀共著「林地・立木の評価」㈱清文社

図表 66　立木評価の具体的手法

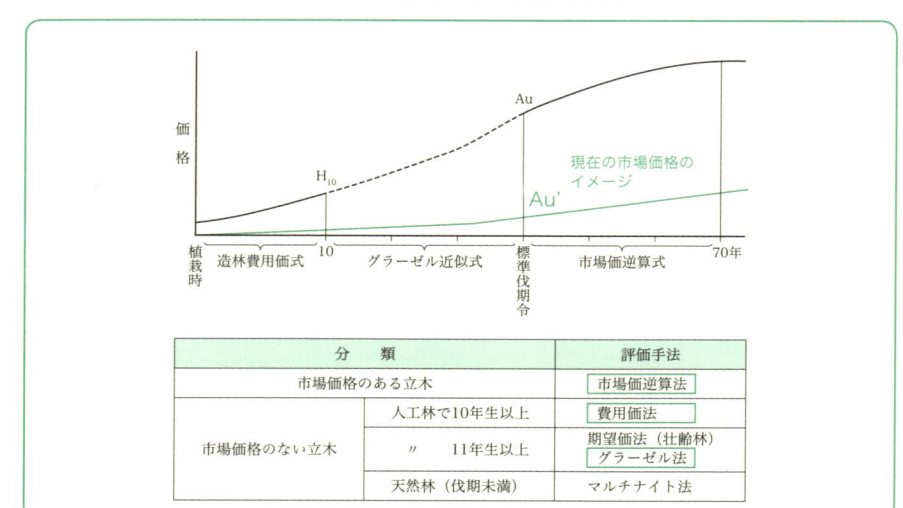

縦軸：価格
横軸：植栽時 / 造林費用価式 / 10 / グラーゼル近似式 / 標準伐期令 / 市場価逆算式 / 70年

曲線上の点：H_{10}、Au、Au'（現在の市場価格のイメージ）

分　　類		評価手法
市場価格のある立木		市場価逆算法
市場価格のない立木	人工林で10年生以上	費用価法
	〃　　11年生以上	期望価法（壮齢林） グラーゼル法
	天然林（伐期未満）	マルチナイト法

小倉康彦・小倉康秀共著「林地・立木の評価」㈱清文社を基に作成

伐期以上で丸太の市場価値のある立木の評価は、市場価逆算法が用いられる。市場価逆算法は、評価対象立木を伐木造材・集運材して生産される丸太の最寄木材市場等での販売高見込額から、伐採から運搬・販売等に要する総事業費見積額等を控除した残額を立木の評価額とするもので、市場取引の実態を反映した実証的で説得力のある価格である。㈶日本不動産研究所の「山元立木価格」の求め方は、この市場価逆算法とほぼ同じ方法である。

　なお、木材市況が底割れ状態にある現在、伐期に達した立木であっても、間伐等の管理が悪く丸太にした場合の品等が劣っていたり、地利が悪く搬出費用等が余計にかかる場合は、採算割れとなり市場価逆算法を適用しても、価格（Au）が発生しない場合も見受けられる。

　10年生以下の幼齢林の評価は、費用価法が用いられる。費用価法は、立木を育成するのに要した費用の後価合計額をもって立木の評価額とする手法である。11年生以上伐期未満で丸太の市場価格のない中間齢級の立木には、一般的にグラーゼル法が適用される。

　木材市況の長期低迷と造林費等の物価上昇等により、伐期以上の立木に市場価逆算法を適用して求めた価格（Au）が10年生の費用価（C10）を下回る場合（Au'＜ C10）が常態化し、さらには、木材価格が底割れ状態にある現在は、市場価逆算価格がマイナス（Au＝▲）になる場合さえあり得る。

　実際の市場取引においては、伐期未満の立木は、図中の「現在の市場価格のイメージ」（図表 66）に示すとおり、ほとんど価格がつかない場合が多く、これらの立木の評価手法の適用に限界が出てきている。

林業採算性の検証

　森林評価手法を用いて整理したとおり、現在は、森林評価手法を適用しても価格が発生しない場合が見受けられる。現在の木材価格の水準では伐期未満の立木はもちろん、伐期に達していても採算割れとなり、山元立木価格が発生しない場合も多いようである。

　2009年3月末現在の全国平均の利用材積1㎥当たりの杉山元立木価格は、2,548円で、前年に比べ△19.5％となっている。これは全国平均であり、県別でみると山元立木価格が1,000円程度のところが散見されるようになった。山元立木価格の全国平均価格の内訳を、林野庁資料等を参考に区分すると次のとおりである。

山元立木価格	＝	最寄木材市場渡し素材価格	－	生産諸経費等
2,000〜3,000円/㎥		9,000〜10,000円/㎥		7,000〜8,000円/㎥

　今後、木材市況がさらに悪化し、素材価格（丸太価格）が、仮に1㎥当たり7,000円を下回ることとなった場合に、生産諸経費等の変動がないと仮定すると、全国的にかなりの地域で、山元立木価格が発生しないこととなり、素材生産は大幅に減少する。実際は、下落した素材価格に見合った伐木・造材及び運搬等の可能な地利の良い山林からの素材生産が中心となるので、生産諸経費等は、結果的に下がることになり、全国的に山元立木価格が直ちにゼロになることは考えられないが、条件の有利な山林は限られているので、素材生産の相当な減少を伴い、山元立木価格は底這い状態になると考えられる。

　現在の木材市況は、この仮定の一歩手前の状態であり、全国的にみても伐期に達したかなりの地域や林分において、素材生産が採算割れの状態が存在している。また、皆伐収入がプラスになる場合においても、再造林にかかる植付け、下刈り、除伐までの最初の10年間の造林費用累計が伐期までの50年間以上の育林費用累計の大半を占めるほど大きく、現在の木材市況においては、皆伐収入で再造林費用を賄うことが困難である。した

がって、大多数の森林所有者は皆伐を行わず、再造林費用の発生を回避する行動を取ることとなり、全国的に立木の長伐期化が進み、利用間伐や択伐が中心となっている。

林業採算性の悪化は、森林所有者の林業経営に対する意欲を低下させ、将来見通しの不安や後継者問題もあいまって、①皆伐や再造林の回避、②間伐等の育林施業の放棄、③山林の売却による所有の放棄等の負の連鎖を創出させている。

このような状況でみて取れるように、我が国の林業経営は、損益分岐点から操業停止点に直面しているといえる。

今後の課題

過去最高の森林蓄積量を有し、成熟期を迎えた日本の森林資源が有効利用されないことは、林業生産にとって大きな損失であるばかりではなく、間伐等の管理が滞り、森林荒廃が相当に進んでいる現状をみると、森林の持つ国土の保全、地球環境保全（CO_2吸収等）、生物多様性保全等の多様な機能も失われることが分かる。

我が国の森林（人工林）の所有・経営・管理の現状と将来の動向は、本源的には林業採算性に依存していると考えられる。山元立木価格は、木材価格の長期低迷に加え、近年の底割れ状態から、歴史的な低価格となり、林業経営は、地方、立地条件によっては、損益分岐点を迎えているが、そのうちに固定費もまかなえない操業停止点に直面するのではないかと危惧される。

森林は、その生産期間の超長期性により、長期間には大きな物価（木材価格や林業労賃）の変動等の影響を免れないこと等の特性を有している。このことをポジティブにとらえると、現在は、木材市況の最悪期と考えられるが、森林の持つ長期サイクルのなかでは、国内の住宅着工の回復、新興国の木材需要の増加による国際的な木材価格の上昇、為替が大きく円安に移行することによる輸入材価格の上昇等の要因により、将来的に国産材の市況が回復する可能性が、考えられないわけではない。ただし、これは外部要因で決まることであり、その時がいつになるかは予測することがで

きない。したがって、現在できる対応としては、林業経営の損益分岐点を下げるため、素材生産費や育林費用等のコスト削減を行うことである。

近年、林家は、単独で施業することが困難となってきており、森林組合等の林業事業体に施業を委託することが一般的となり、森林施業の協業化が進んでいる。現在は、官民一体となって、森林組合等の林業事業体による施業の集約化、作業道等の路網整備と高性能林業機械を組み合わせた林業生産コストの低減の取組みが行われている。

また、現在の長伐期を前提とした林業経営においては、森林のCO_2吸収源としてのオフセットクレジット（J-VER）制度を活用した間伐の推進も期待されるところである。

評価面からみると、前述のとおり既存の森林評価手法は、実務上の制約が大きく出てきていて、旧来の評価方法のみでは、森林のCO_2吸収効果等も含めた社会一般のニーズに応えることが困難になってきている。

森林の価値を適切に評価し、森林の価格の占める適正なあり所を指摘することが、林業経営者及び関係者に正しい情報を提供し、目標としては、健全な林業経営と森林管理に資することになることから、森林の評価方法の再構築を行うことの社会的公共的意義は大きいと考える。

第7節　森林のCO2吸収効果に着目した取組み

森林の多面的機能と社会システムのあり方

　森林経営は収益的な面で多くの課題が山積している。加えて高齢化による人材及び担い手が不足していて、森林の管理ができない（放棄せざるを得ない）、または間伐を実施しても採算が合わず、その間伐材を搬出することができない状況になっている。森林は我々国民の貴重な共有財産であるべきものだが、その財産が喪失するという悪循環に陥っている。この悪循環がこのまま続いてよいのだろうか。

　2010年に名古屋市で開催予定の生物多様性条約第10回締約国会議（COP10）の資料によると、最近は年間4万種の生物種が絶滅しているという報告がある（図表67）。国際自然保護連合（IUCN）の2008年版レッドリストによると、世界全体で1万7,000種弱の生物種が絶滅の危機に瀕している。環境省版レッドリストによると、我が国でも3,100を超える生物種が絶滅の危機に瀕している。

　森林は、この生物多様性保全という極めて重要な機能を有している。

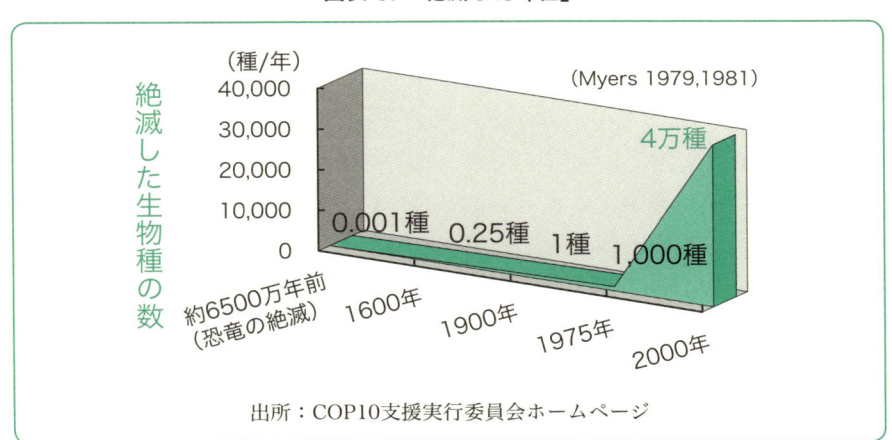

図表 67　絶滅した「種」

（種/年）　(Myers 1979,1981)

約6500万年前（恐竜の絶滅）	1600年	1900年	1975年	2000年
0.001種	0.25種	1種	1,000種	4万種

縦軸：絶滅した生物種の数

出所：COP10支援実行委員会ホームページ

図表68　森林等のもつ多面的機能

> ① 生物多様性保全機能（遺伝子、生物種、生態系を保全する機能）
> ② 地球環境保全機能（地球温暖化の緩和、大気浄化、地球気候システムの安定化する機能）
> ③ 水源涵養、土砂災害防止、土壌保全機能（水質浄化、水量調整・貯蔵、表層土浸食防止、土砂災害防止等機能）
> ④ 保健・レクリエーション、文化機能（リハビリ、セラピー、レクリエーション、自然学習、宗教・司祭・伝統文化形成・継承等機能）
> ⑤ 物質生産機能（木材、パルプ、食料、肥料、薬品等工業製品等生産機能）

　森林は、大きく5つの多面的な機能を有している（図表68）。

　1つ目の生物多様性保全機能は、生物レベル種の保全、遺伝子レベル種の保全、そしてそれらが網の目のように影響を及ぼし合って形成される生態系全体の保全機能である。

　2つ目の地球環境保全機能には、温室効果ガスの吸収・固定機能も含む。

　4つ目の保健・レクリエーション、文化機能は、森林が存するエリアで療養、保養、森林浴をすることにより心身安定をもたらす機能や、森林とふれあうことから生まれる学習・教育機能、そして、山岳信仰などにみられるように森林自体が宗教の場、祝祭の場、伝統文化が育まれて風土を形成する機能である。

　我々人間は、森林の多面的な機能を非常に理解していながら、時として邪魔者扱いをすることもあるが、人間の生活と活動にとっては、「場」の多様性ということも必要なはずである。都会で生活する人間は、都会だけで人間の生活の活動が成立していると思いがちであるが、森林の機能を理解すると、山里や中山間部などの森林エリアがあって初めて人間の生活や活動が実現するということを、改めて認識させられる。

　森林の多面的機能を十二分に発揮させるためには、森林自体の成長を促進させる必要がある。気候変動に関する政府間パネル（IPCC）の報告によると、立木の適正な保護、炭素蓄積のためには、人為的な管理が欠かせ

ない。また、森林総合研究所が間伐の有無による樹木の育ち方の差を自ら所有する試験林で実験研究した結果でも、間伐をしたほうが中期的には機能・成長がよくなるという結論が出ている。

　我々は諸外国から実に多様な物質を大量に輸入しており、木材もその一つである。木材輸入は国内の森林産業自体を衰退に追い込んだが、輸入をするということは、運搬に必要な二酸化炭素を排出しているということでもある。我々の生活は直接・間接の二酸化炭素の排出で成立している。

　生物多様性保全に関する政策研究会では、「経済は環境や社会のためのサブシステムになる必要がある」、つまり、従来は経済至上主義で都会生活者を中心とした収益性という尺度でものが評価されてきたが、これからは、経済は環境及び社会のためのメインシステムからサブシステムになるべきであるいう議論が行われている。

オフセット・クレジット（J-VER）制度の森林吸収系プロジェクト

　すでに24ページで紹介したとおり、オフセット・クレジット（J-VER）制度には3つの森林吸収系プロジェクトがある（図表 69）。2010年4月現在、①間伐促進型の森林経営プロジェクトは北海道4町（足寄町、下川町、滝上町、美幌町）連携による間伐促進型森林づくり事業など13件が、②持続可能な森林経営促進型プロジェクトは住友林業株式会社社有林管理プロジェクトⅠ（宮崎事業区山瀬地区）など2件が登録されている。なお、植林プロジェクトの登録はない。

　森林経営プロジェクトでは、森林法の森林施業計画の認定または森林認証（FSC、SGEC）等により持続的な森林管理を確保すること、または都道府県等によって認証された森林所有者と企業の間の森林保全協定が要件になっている。

図表 69　J-VER制度の森林吸収系プロジェクト

（1）森林経営プロジェクト

①間伐促進型：京都議定書の吸収量（3.8%）確保を目指し、間伐の集中的な推進が目的
・森林法での森林計画対象の森林
・2007年度以降に間伐を行った面積が対象
・間伐率等は森林計画に適合していること
・対象地で主伐・土地転用を行うとクレジットは発行されない

②持続可能な森林経営促進型：継続的な森林施業による長期的なCO2吸収量の確保が目的
・森林法での森林計画対象の森林
・1990年度以降に間伐・主伐・植栽を行った面積が対象
・対象地で行われる主伐を含む施業が森林計画に適合していること
・クレジット発行対象期間内に間伐及び主伐を行うこと
・対象地で主伐を行うと伐採量に応じてCO2が排出されたとみなす
・対象地で土地転用を行うとクレジットは発行されない

（2）植林プロジェクト

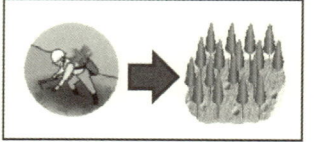

・2008年4月1日に森林法での森林計画対象でなく、かつ京都議定書上の森林の定義を満たしていなかった森林
・2008年度以降に植林を行った面積が対象
・森林法での森林計画対象に編入されるための措置を講じていること

出典：気候変動対策認証センター・環境省・林野庁資料

> **コラム**

カーボン・オフセットの社会的背景の変化

　航空業界では、旅客が航空機に搭乗することにより発生する温室効果ガスをオフセットする仕組みが2009年に相次いで導入されている。

　JALグループでは、京都議定書に定められた国連のクリーン開発メカニズム（CDM）のクレジットを利用したカーボン・オフセットが2009年2月に導入されている。また、ANAグループでは、国内のオフセット・クレジット（J-VER）制度の森林経営プロジェクトで発行されるクレジットを利用したカーボン・オフセットが2009年9月に導入されている。

　このように、自主的な取引システムが稼働しているのは、社会的背景が変化し始めているからである。

　社会的背景の変化を簡単に整理すると、ひとつ目は、国際的な枠組みが変化しているということである。ラムサール条約、気候変動枠組条約、2010年に名古屋市で締結国会議が開催予定の生物多様性条約といった、環境に焦点を置いた国際的な枠組みの成立・変化によって、人々の意識が変化している。

　意識の変化というのは個人レベルだけではなく、企業、自治体、国レベルのそれぞれのセクターも変化している。その結果としてCO_2削減を「見える化」する動きが起き、それが「自分ごと化」する動きに実践されつつあるということであるが、まだまだこの辺の意識は未成熟という段階と言わざるを得ない。

　企業の側からみると、意識の変化は、CSR（企業の社会的責任）の変化に表れている。従来型のCSRは、どちらかというと、他の企業と同じことをしていれば問題がないというヨコ並び重視型の考え方を主流とするものであった。従来型に区分される企業にとっては、CSR活動は「費用」という認識が強い。

　しかし、最近の先進型のCSRは、企業間のタテ重視型に分類され、他の企業と同じことではなくて、先に進んだ取組みをして企業イメージ等を高めようという考え方を主流とするものである。この先進型に区分される企業にとっては、CSR活動に要する資金は、費用ではなく「将来に対する投資」であるという認識が強くなっている。

　したがって、CSR活動に対する意識は、今後急速に高まっていくものと思われる。

第3章

環境リスクと不動産

第1節　土壌汚染対策の新たな展開

CRE戦略や担保評価における土壌汚染の重要性

　不動産評価は企業の経営戦略に大きな影響を与える要素であるという認識のもと、企業価値向上の観点で不動産戦略を展開する必要性が高まっている。

　また、不動産担保評価においても、土壌汚染等の環境条件をリスクとして適正に評価・考慮することが求められている。

　企業不動産の有効活用によって企業価値の最大化の実現を目的として、経営的観点から構築された不動産戦略（CRE戦略）を推進していくため、2008年4月に国土交通省が公表した「CRE戦略を実践するためのガイドライン」では、リスク管理をCRE戦略の重要な業務として位置付けており、価格変動リスクなどと並ぶ不動産リスクのひとつとして、土壌汚染リスクを取り上げている。

　また、不動産担保評価において、土壌汚染は留意すべき事項として明確化されており、担保物件の評価額に対する土壌汚染の影響を早期に認識することが重要である。

　金融庁の「金融検査マニュアル」（預金等受入金融機関に係る検査マニュアル）では、金融機関が査定する担保評価額について、「担保評価においては、現況に基づく評価が原則であり、……また土壌汚染、アスベストなどの環境条件等にも留意する」と記載されている（別表1、12ページ1．(4)③）。このことについて、「金融検査マニュアルに関するよくあるご質問（FAQ）」9-10では、「土壌汚染、アスベストについては、担保評価に際して留意すべき基本的事項であると考えられる」「例えば、問題が明らかになっている場合において、それを勘案しないということは、担保の目的に照らし、適当でないものと考えます」「なお、一定の評価基準や評価手法に基づく評価や、売買事例などに基づく影響度評価といったことを、直ちに全担保に網羅的に適用し、再評価を行うべきという趣旨ではあ

りません」と説明されている。

土壌汚染調査・対策事例の現状

環境省では、47都道府県・土壌汚染対策法に基づく107政令市が把握した土壌汚染調査・対策事例のすべてを集計・公表している。この調査では、土壌汚染対策法に基づく事例に加えて、条例・要綱等に基づくもの、自主的に行われたものなども対象としている。

2010年3月に公表された2008年度の調査結果によると、2008年度までに都道府県・政令市が把握した土壌汚染事例の累計は、調査事例が8,965件、うち超過事例（土壌汚染が判明した事例）が4,706件であった（図表70）。

超過事例について、汚染の除去等の措置の内容の概要をみると、掘削除去が圧倒的に多く、原位置浄化（地下水揚水、化学的分解等）が続く（図表71）。なお、重金属等超過事例ではほとんどが掘削除去であった。

また、2008年度に「掘削除去」を行った456事例について、その後の土壌の処理等の方法についてみると、敷地外処分が429事例（94％）であった。

土壌汚染対策法で示されている土壌汚染対策には、汚染土壌を場外に搬出して新たに土を搬入して埋め戻す「掘削除去」のほかに、「立入禁止」「覆土」「封じ込め」などがあるものの、実際に行われている対策は、「掘削除去」が際立って多い。

このような傾向は「掘削除去の偏重」と問題視されており、2009年の土壌汚染対策法改正（2010年4月施行）のねらいのひとつになっている。

図表 70　年度別の土壌汚染調査事例

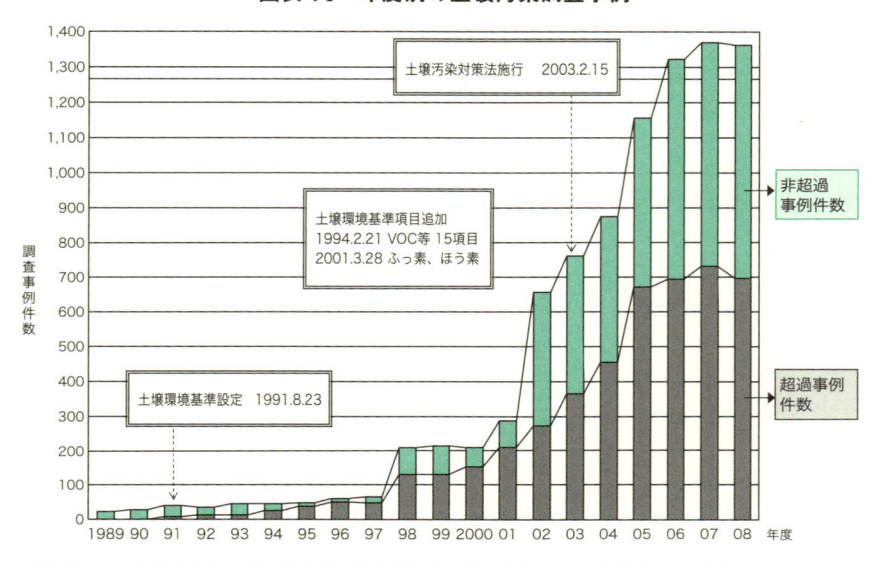

土壌汚染対策法施行　2003.2.15

土壌環境基準項目追加
1994.2.21　VOC等 15項目
2001.3.28　ふっ素、ほう素

土壌環境基準設定　1991.8.23

非超過事例件数

超過事例件数

調査事例件数

年度　　件数	1974以前	75	76	77	78	79	80	81	82	83	84	85	86	87	88	89	90
調査事例	2	7	6	2	10	5	3	10	2	18	10	18	12	14	27	22	26

年度　　件数	91	92	93	94	95	96	97	98	99	2000	01	02	03	04	05	06	07	08	計
調査事例	40	35	44	44	47	60	64	209	213	210	289	656	762	877	1,158	1,325	1,373	1,365	8,965
うち、法適用	-	-	-	-	-	-	-	-	-	-	0	90	164	185	265	244	239		1,187
超過事例	8	11	13	25	37	50	48	130	130	151	210	274	366	456	672	695	733	697	4,706
うち、法適用	-	-	-	-	-	-	-	-	-	-	0	21	43	48	77	81	71		341

注1) 集計の対象は、1975年度以降に都道府県、政令市が把握した土壌汚染調査の事例であるが、都道府県・政令市が1975年度以降に把握した、1974年度以前に行われた調査件数についても計上している。
注2) 各年度の集計基準は以下のとおり。
「調査事例」は、法に基づく事例は土壌汚染状況調査の結果報告が都道府県知事（政令市長）にあった年度で整理し、法に基づかない事例は調査結果が判明した年度で整理している。
「超過事例」は、法に基づく事例は指定区域に指定された年度で整理し、法に基づかない事例は調査結果が判明した年度で整理している。
注3) 法に基づく調査事例は、施行規則附則第2条（経過措置）の適用件数を含む。

出典　平成20年度 土壌汚染対策法の施行状況及び土壌汚染調査・対策事例等に関する調査結果（環境省）

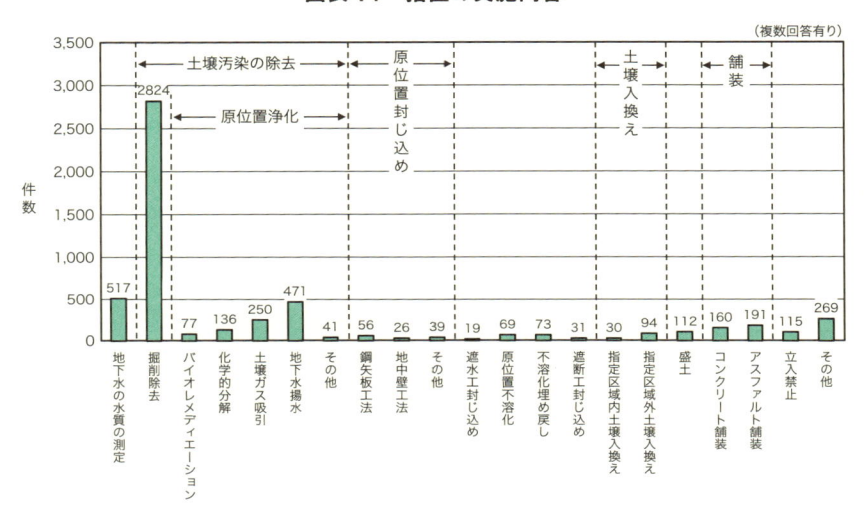

図表 71　措置の実施内容

(複数回答あり)

区分	項目	件数
土壌汚染の除去	地下水の水質の測定	517
土壌汚染の除去	掘削除去	2824
原位置浄化	バイオレメディエーション	77
原位置浄化	化学的分解	136
原位置浄化	土壌ガス吸引	250
原位置浄化	地下水揚水	471
原位置浄化	その他	41
原位置封じ込め	鋼矢板工法	56
原位置封じ込め	地中壁工法	26
原位置封じ込め	その他	39
原位置封じ込め	遮水工封じ込め	19
原位置封じ込め	原位置不溶化	69
原位置封じ込め	不溶化埋め戻し	73
原位置封じ込め	遮断工封じ込め	31
土壌入換え	指定区域内土壌入換え	30
土壌入換え	指定区域外土壌入換え	94
舗装	盛土	112
舗装	コンクリート舗装	160
舗装	アスファルト舗装	191
舗装	立入禁止	115
舗装	その他	269

出典　平成20年度 土壌汚染対策法の施行状況及び土壌汚染調査・対策事例等に関する調査結果（環境省）

不動産市場における土壌汚染の定義

　土地の価格に影響する可能性がある土壌汚染の要因としては、次のようなものが考えられる。

1. 健康被害の防止措置が必要となる土壌汚染
2. 健康被害を生じさせないよう継続的な管理が必要となる土壌汚染
3. 場外搬出する場合に汚染土壌処理が必要となる土壌汚染
4. スティグマ（心理的嫌悪感等）を持たれる土壌汚染

　土壌汚染対策法は、国民の健康を保護するため、25項目の特定有害物質について、有害物質使用特定施設の廃止や一定規模（3,000㎡）以上の土地の形質の変更等を契機として土壌汚染状況調査や健康被害の防止措置を義務付けるものだが、上記の各要因は、土壌汚染対策法の規定する特定有害物質に限らず、ダイオキシン類（ダイオキシン類対策特別措置法で規定）や油（油臭・油膜により生活環境保全上の支障が生じることから2006年3月に油汚染対策ガイドラインが定められている）でも発生することがある。

また、建設残土等として汚染土壌を場外搬出する際は、自然的原因による土壌汚染であっても、汚染土壌を適切に処理することが必要となる。
　以上のことから、不動産市場における土壌汚染とは、次の物質による基準値の超過等をいい、自然的原因によるものを含むと定義することができる。
・土壌汚染対策法で定められた特定有害物質
・地方公共団体の条例で定められた有害物質
・ダイオキシン類対策特別措置法で定められたダイオキシン類
・油（油臭・油膜）

　不動産投資・取引市場においてエンジニアリング・レポート作成の指針となっている「不動産投資・取引におけるエンジニアリング・レポート作成に係るガイドライン（2007年版）」（建築・設備維持保全推進協会（BELCA）編集）によると、一般に公定法による土壌分析の結果、土壌汚染対策法で定められた指定基準に適合しない特定有害物質が認められると、土壌汚染が「有る」状態と定義されるとしている。
　このガイドラインでは、土地の価格に影響する可能性のある要因、例えば、土壌汚染対策法では指定されていないダイオキシン類や油類、あるいは埋設廃棄物等についても、ある一定レベル以上の存在が認められた場合においては、土壌汚染と同義と考えられている。また、自然的原因により有害物質が含まれる土壌は、土壌汚染に準ずるものとして扱うこととしている。

不動産鑑定評価における土壌汚染の定義

　不動産鑑定評価における土壌汚染の考え方は、不動産市場の考え方と基本的に同じである。
　日本不動産鑑定協会の「土壌汚染に関わる不動産鑑定評価上の運用指針Ⅰ」（2002年12月）では、不動産鑑定評価における「土壌汚染」とは、個別的要因のひとつとして、価格形成に大きな影響がある有害物質が地表または地中に存することをいう。実務上は、原則として土壌汚染対策法に規

定されている特定有害物質を中心として、各自治体の条例等及びダイオキシン類対策特別措置法において対象とする有害物質が基準値を超えて存在すれば、価格形成に大きな影響があるものと解する。また、自然に由来するものも含み、法令等による調査等の義務がないことのみをもって、「土壌汚染がない」ということはできないとしている。

　油（油臭・油膜）については、2002年に制定されたこの運用指針Ⅰでは具体的に言及されてはいないが、価格形成に大きな影響があるものと現在の不動産市場で認識されていることから、不動産鑑定評価でも価格形成に大きな影響があるものとして考えられる。

✳ コラム ✳

自然的原因による汚染と「もらい汚染」

　2010年4月の改正法施行前の土壌汚染対策法では、土壌汚染は、環境基本法（第2条第3項）に規定する、人の活動に伴って生ずる土壌の汚染に限定されるものであり、自然的原因により有害物質が含まれる汚染された土壌をその対象としていなかった。

　2010年4月に施行された改正法では、汚染土壌の搬出・運搬・処理に関する規制が創設され、健康被害の防止の観点からは汚染土壌を汚染原因によって区別する理由がないことから、自然的原因による汚染土壌も法の対象とすることとされた。

　不動産市場では、周辺の土地利用に起因する土壌汚染、いわゆる「もらい汚染」も留意されるのが一般的であるが、「もらい汚染」の定義やその有無に関する調査方法は法律等で規定はなく、専門調査機関の中でもその見解が統一されていないため、実務上は様々な見方がされている。

　日本不動産研究所は「もらい汚染」を、周辺の土地利用によって直接的に不動産の土壌が汚染されている状態、あるいは周辺の土地利用によって生じた汚染地下水が流入して、不動産の土壌・地下水に影響を与えている状態と考えている。

不動産鑑定士による土壌汚染の可能性の推定（独自調査）

　不動産鑑定士は、鑑定評価に際しては土壌汚染の可能性について自ら調査することが義務付けられている。これを不動産鑑定士による独自調査という。

　独自調査は、土壌汚染の可能性を推定するために、不動産鑑定士自身がその能力の範囲で実施するものであり、主に過去及び現在の土地利用状況を確認するために登記簿調査（所有者名や建物用途の確認）、古地図調査、ヒアリング調査、現地調査等を行う。

　ヒアリング調査が実施できる場合は、過去から現在までの土地利用、地形等の改変、設備の状況（設備や配管、地下タンク、排水路の位置・状況等）、土壌汚染調査の実施の有無、ゴミの場内処理の有無などについて、対象不動産の管理者の方などに聞く。

　なお、独自調査の内容及び結果は、不動産鑑定評価書には対象不動産の環境要因として記載されるが、独自調査により得られた情報による推定であり、土壌汚染の有無を保証するものではない。

土壌汚染リスクの定量化の必要性

　不動産価格に土壌汚染に係る要因を反映させるためには、土壌汚染リスクの定量化、つまり対策費用と対策時期の把握が必要となる。

　土壌汚染リスクの定量化には、「土壌汚染の有無とその状態」の確定が求められる。安全性と費用性に基づいて土壌汚染の「状態」を把握すること、すなわち、人体や生活環境に悪影響を与える可能性の有無（安全性）と、汚染土壌処理に係る対策費用並びに当該費用が顕在化する時期（費用性）を把握することが重要であり、具体的には以下の3点の特定が必要となる。

　①　汚染土壌の平面・深度範囲の特定
　②　汚染地下水の有無や汚染地下水による周辺環境への影響の有無
　③　①②に基づく汚染土壌の対策の費用

土壌汚染調査の手順

　土壌汚染リスクの分析は、いくつかの段階に分けて、汚染範囲を絞り込んでいく形で実施される。各段階で土壌汚染が確認された場合（または土壌汚染の可能性が否定できない場合）には次段階の調査へと進んでいく。

　土壌汚染に係る要因を考慮した不動産鑑定評価における土壌汚染調査のフローを図表72に掲げたので、参照していただきたい。不動産売買や証券化等に際して実施される土壌汚染調査の考え方もこれと同様である。

　まず、対象となる土地や周辺の利用履歴や有害物質の使用状況・保管状況・排出状況などについて、資料調査や現地視察、ヒアリングなどによる情報収集から定性的に評価を行う（資料等調査：フェーズⅠ）。

　土壌汚染は蓄積性が強く、一度汚染されるとその影響が長期にわたるという特徴があることから、地形図等による利用履歴の調査は1945年ころ（第二次世界大戦後）からが対象となることが多い。なお、土地の利用開始時期が戦後のある期間を経過した後であることが明らかな場合は、その期間経過後、初めに土地の利用が行われたとき以降が対象となる。

　フェーズⅠでは土壌の採取・分析は実施せずに定性的な評価を行い、土壌汚染の可能性が否定できない場合には、フェーズⅡに進むことになる。

　フェーズⅡは、概況調査、詳細調査、地下水調査に大別される。

　概況調査は、土壌ガス調査、表層土壌採取・分析等を実施して、表層（深さ50cmまで）の汚染の有無を把握する。

　概況調査で表層に汚染が見つかった場合は、詳細調査を行って汚染の深さを把握する。詳細調査は、基準値超過等の問題が認められた表層調査地点・物質に関して、ボーリング調査により土壌・地下水分析を実施し、汚染範囲の平面・深度範囲、地下水汚染の有無を把握する調査である。

　地下水調査で汚染がある場合は、観測井戸の設置や地下水位測定、地下水分析によって、汚染地下水の状況、特に敷地外への汚染拡散の有無を把握する。

　このような調査を経て、土壌汚染の有無と状態が確定し、土壌汚染リスクの定量化が可能になる。

図表72　日本不動産研究所が行う不動産鑑定評価における土壌汚染調査のフロー

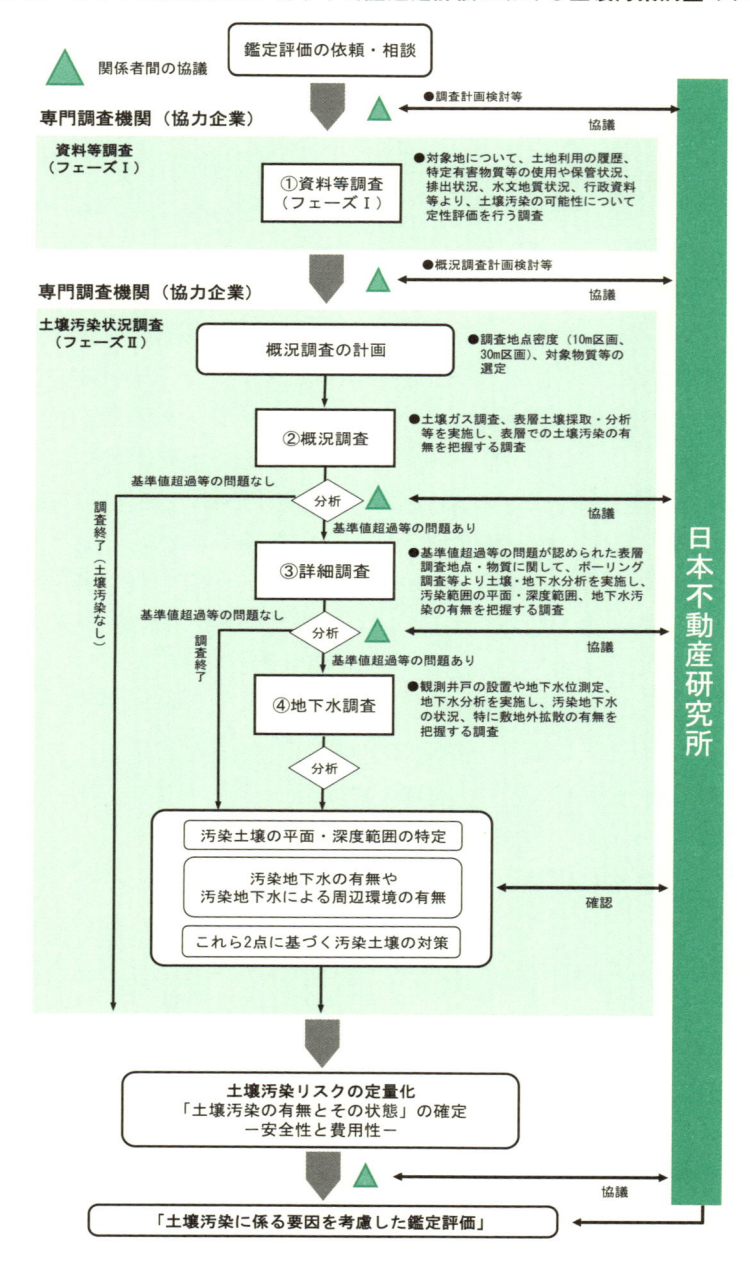

▲ 関係者間の協議

鑑定評価の依頼・相談

専門調査機関（協力企業）
資料等調査（フェーズⅠ）

①資料等調査（フェーズⅠ）
　●調査計画検討等　協議
　●対象地について、土地利用の履歴、特定有害物質等の使用や保管状況、排出状況、水文地質状況、行政資料等より、土壌汚染の可能性について定性評価を行う調査

専門調査機関（協力企業）
土壌汚染状況調査（フェーズⅡ）

概況調査の計画
　●概況調査計画検討等　協議
　●調査地点密度（10m区画、30m区画）、対象物質等の選定

②概況調査
　●土壌ガス調査、表層土壌採取・分析等を実施し、表層での土壌汚染の有無を把握する調査

分析
　基準値超過等の問題なし → 調査終了（土壌汚染なし）
　基準値超過等の問題あり　協議

③詳細調査
　●基準値超過等の問題が認められた表層調査地点・物質に関して、ボーリング調査等より土壌・地下水分析を実施し、汚染範囲の平面・深度範囲、地下水汚染の有無を把握する調査

分析
　基準値超過等の問題なし → 調査終了
　基準値超過等の問題あり　協議

④地下水調査
　●観測井戸の設置や地下水位測定、地下水分析を実施し、汚染地下水の状況、特に敷地外拡散の有無を把握する調査

分析

汚染土壌の平面・深度範囲の特定
汚染地下水の有無や汚染地下水による周辺環境の有無
これら2点に基づく汚染土壌の対策
　確認

土壌汚染リスクの定量化
「土壌汚染の有無とその状態」の確定
－安全性と費用性－

協議

「土壌汚染に係る要因を考慮した鑑定評価」

日本不動産研究所

概算浄化費用の算定

　日本不動産研究所は、不動産鑑定評価に際して行う独自調査結果をもとに、専門調査機関の協力を得て机上で土壌汚染の有無・汚染範囲を推定して、土壌の採取・分析を行わずに概算浄化費用の算定を行う業務も行っている（問い合わせ先：本社・環境プロジェクト室）。

　土壌の採取・分析を伴う調査には月単位の期間と百万円単位の費用がかかるが、概算浄化費用の算定は、1週間程度でできる。

　概算浄化費用は、机上の概算であり、実際の土壌汚染の有無・汚染範囲の確定を行うものではないことから、算定結果を不動産鑑定評価額や取引価格の決定にそのまま反映させられるものではないが、金融機関の担保評価などにおいて活用されており、土壌汚染リスクの簡易スクリーニング等に大変有用なツールである。

既往の土壌汚染調査・対策報告書の確認

　対象地で土壌汚染調査・対策が実施されている場合は、一連の土壌汚染調査報告書、土壌汚染対策計画書、土壌汚染対策報告書等について、調査・対策の目的、範囲、対象物質、密度・深度を主に確認して、土壌汚染リスクの定量化が可能か否かを判断する。

　なお、99ページにも記載したとおり、不動産市場における土壌汚染は、土壌汚染対策法の土壌汚染よりも対象とする物質の範囲が広いことに留意が必要である。

　また、土壌汚染調査は概況調査・詳細調査など、段階を踏んで実施されるため、報告書が複数になることが多いが、一連の内容を確認するためには、最新の報告書1冊だけではなく、原則としてすべての報告書が必要である。大規模工場の跡地などでは、調査を数次に分けて行うこともあり、多いときには20冊近い調査・対策報告書が鑑定評価の際に持ち込まれることもある。

土壌汚染調査結果等の公開・引継ぎ

　各自治体では、土壌汚染対策法・条例・要綱に基づいて提出された土壌汚染調査報告等や土地所有者等から自主的に提出された土壌汚染調査報告等の内容を一般に公開している場合がある。

　公開の範囲や方法は自治体によって様々であり、その場での閲覧・複写や、名古屋市のようにウェブサイト上で閲覧ができる自治体もあれば、情報公開請求制度に基づく開示請求を経て開示される自治体もある。情報公開請求制度を利用する場合は、開示されるまでに数週間かかる場合がある。

　また、国土交通省では土壌汚染情報データベースの構築が進められている。

　なお、東京都のように、条例に基づく調査結果等を土地取引の際に取引当事者間で引き継ぐことを義務付けている自治体もある。

土壌汚染リスクを反映した不動産鑑定評価の考え方

　土壌汚染リスクを反映した不動産鑑定評価の考え方は、「土壌汚染がない場合の土地の価値」から「対策費用」及び「スティグマ（心理的嫌悪感等）」を控除した残りの部分が「土壌汚染地の価値」とされている（図表73）。

図表 73　土壌汚染地の価値概念

土壌汚染がない場合の土地の価値		
土壌汚染地の価値	対策費用	スティグマ

土壌汚染地の価値＝土壌汚染がない場合の土地の価値－対策費用－スティグマによる減価

　対策費用は、3次元（広さと深さ）の汚染分布等の状態に基づき対策範囲を特定し、この範囲の土量を算定のうえ、当該土量を掘削除去・場外搬出して、清浄土（汚染のない土）で埋め戻すまでの費用を積算することに

よって算出している。汚染土壌の掘削除去は、盛土や舗装などに比べて多額の費用がかかるが、現状の不動産市場の主流となっている。

スティグマとは、土壌汚染が存在する（または過去に存在した）ことに起因する心理的な嫌悪感等から生ずる減価要因と定義される。心理的な不安感等から忌避され、市場性が劣る場合などと同様の概念である。不動産鑑定評価基準の留意事項においても「汚染の除去等の措置が行われた後でも、心理的嫌悪感等による価格形成への影響を考慮しなければならない場合があることに留意する」と示されている。

スティグマは、人体や生活環境に悪影響を与える土壌汚染が残存している可能性に起因することが大きいと思料され、汚染状況や対策の方法、地域性（用途等）により見方が異なる。

ケーススタディ

土壌汚染に係る減価の考え方を、対策費用の発生時期にのみ着目して模式化した（図表 74）。

ケース1は建物がない更地であり、建物の建設などの土地利用を行うには土壌汚染の対策（浄化）を行う必要があり、その費用が発生する。

ケース2は建物によりすでに土地利用が行われており、汚染土壌の直接摂取の可能性や周辺環境への影響がないなど、このまま土地利用を継続するうえで汚染土壌が残置されていることに特段の問題がなければ、既存の建物が取り壊され、新たな建物が建設される時期に対策（浄化）費用が発生すると考える。

ケース1、ケース2は、土壌汚染を考慮外とした土地価格（100）と対策費用（50）がともに同額であるが、土地利用状況に応じて対策費用が発生する時期や対策費用の現在価値が異なることから、現時点の土壌汚染に係る要因の減価の見方は異なってくる。

なお、ケース2は、汚染土壌を残置しても、周辺への汚染拡散防止対策等が必要とならない状態を前提としている。通常は、定期的な地下水モニタリングによる地下水への汚染拡散の有無の継続監視や、遮水工により汚染地下水の流出を防止する対策が必要となるなど、土壌汚染を残置してい

ることによる管理費用等が発生することに留意する必要がある。

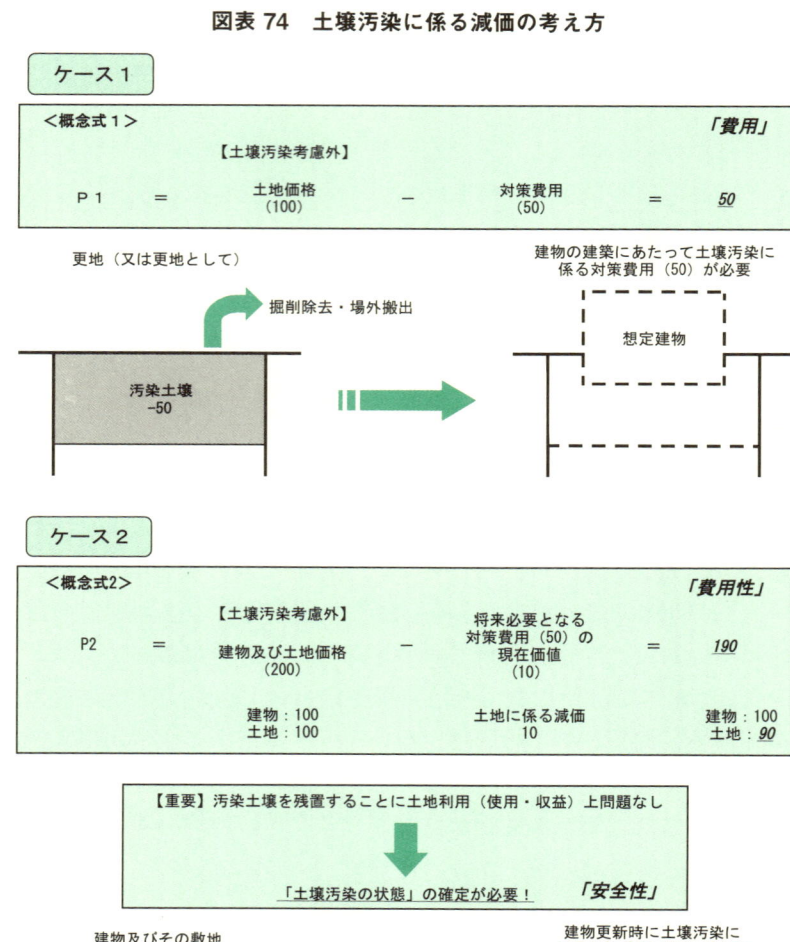

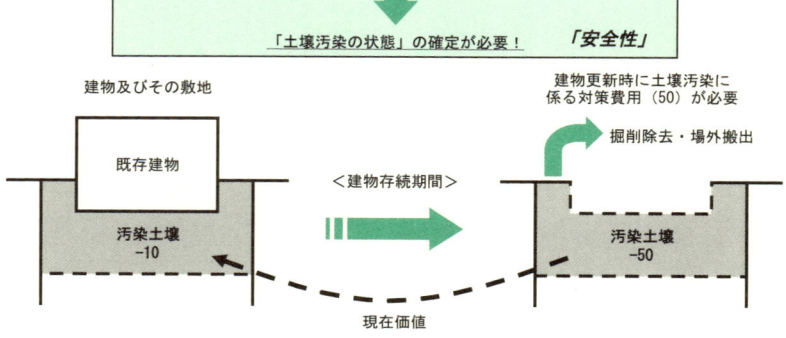

図表74　土壌汚染に係る減価の考え方

ケース1

<概念式1>　　　　　　　　　　　　　　　　　　　　　　　　　　「費用」

【土壌汚染考慮外】

P1　＝　土地価格（100）　－　対策費用（50）　＝　50

更地（又は更地として）　　掘削除去・場外搬出　　建物の建築にあたって土壌汚染に係る対策費用（50）が必要

汚染土壌　-50　　想定建物

ケース2

<概念式2>　　　　　　　　　　　　　　　　　　　　　　　　　　「費用性」

【土壌汚染考慮外】　　　　　将来必要となる
建物及び土地価格　　　　　対策費用（50）の
P2　＝　　（200）　　　　－　　現在価値　　　　＝　190
　　　　　　　　　　　　　　　　（10）

建物：100　　　　土地に係る減価　　　建物：100
土地：100　　　　　　10　　　　　　　土地：90

【重要】汚染土壌を残置することに土地利用（使用・収益）上問題なし

「土壌汚染の状態」の確定が必要！　　「安全性」

建物及びその敷地　　　　　　　　　　　建物更新時に土壌汚染に係る対策費用（50）が必要

既存建物　　　　　　　　　　　　　　　掘削除去・場外搬出

<建物存続期間>

汚染土壌　-10　　　　　　　　　　　　汚染土壌　-50

現在価値

土壌汚染対策法の改正

　土壌汚染対策法の施行により、土壌汚染が広く認知されるようになったが、土壌汚染調査・対策の大半が法律などの対象外で実施され、国や自治体による土壌汚染状況の把握が困難であることや、掘削除去対策が偏重されている状況、いわゆるブラウン・フィールド問題（土壌汚染が存在する、あるいはその可能性が懸念されることによって、未利用で土地が放置される問題）が生じる等、土壌汚染に関する様々な課題が顕在化している。

　このような状況を背景にして、土壌汚染対策法の改正法が2009年4月に公布され、2010年4月1日に施行された。

　改正法の重要なポイントとして、1）調査契機の拡大、2）合理的な対策の促進、3）搬出汚染土壌の適正処理及び調査の信頼性向上、の3点が挙げられる（図表75）。

　調査契機の拡大については、土壌の汚染の状況の把握のための制度の拡充として、従来の有害物質使用特定施設の廃止時や都道府県知事による命令に加え、面積が一定規模（3,000㎡）以上の土地の形質変更時に土地所有者などが都道府県知事に届出を行い、土壌汚染のおそれが認められる場合には、調査が義務付けられるほか、法に基づかない自主調査であっても、土壌汚染が判明したときには、土地所有者等が都道府県知事に規制対象区域に指定するよう申請することができるようになった。

　また、合理的な対策の促進については、規制対象区域の分類等による講ずべき措置の内容の明確化等として、調査で判明した土壌汚染状況により、人の健康被害のおそれがあり、何らかの対策が必要な土地(要措置区域)と、人の健康被害のおそれがなく、対策の必要はないものの開発などの土地の形質変更時に届出が必要な土地（形質変更時要届出区域）に分類され、必要な対策は都道府県知事が明確に指示するものとされている。

　これらの点のほか、土地の形質変更時における土壌汚染のおそれの判断や、規制対象区域の分類と必要とする措置の指示といった都道府県知事の判断や指示、あるいは土壌汚染に関する情報の収集、整理、保存及び提供などに関する努力義務など、土壌汚染における自治体の果たす役割を明確にしているのも、改正法で特筆すべき点である。

図表75 土壌汚染対策法の要点（2010年4月）

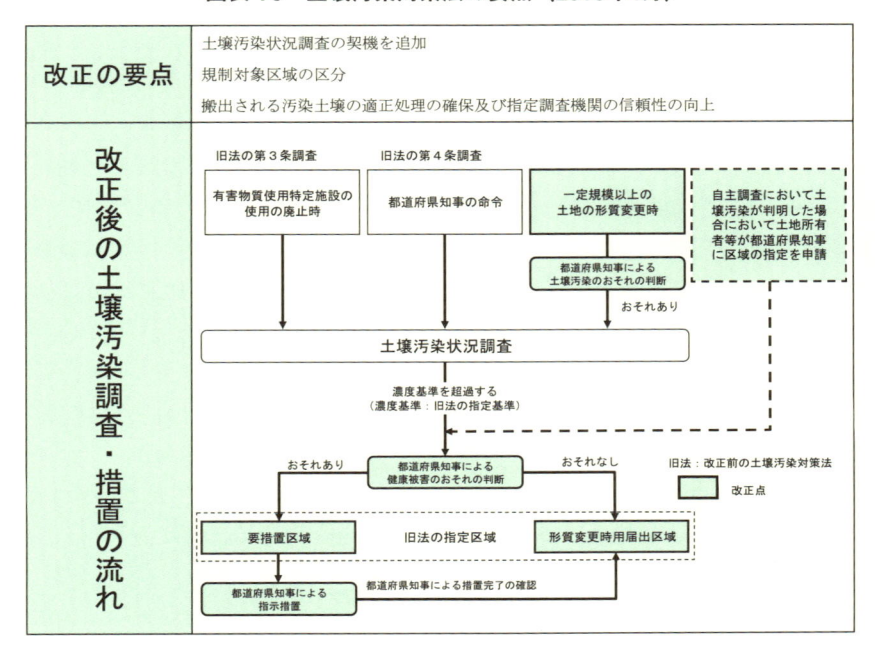

改正の要点	土壌汚染状況調査の契機を追加 規制対象区域の区分 搬出される汚染土壌の適正処理の確保及び指定調査機関の信頼性の向上
改正後の土壌汚染調査・措置の流れ	（フロー図：以下の流れ） ・旧法の第3条調査：有害物質使用特定施設の使用の廃止時 ・旧法の第4条調査：都道府県知事の命令 ・一定規模以上の土地の形質変更時 → 都道府県知事による土壌汚染のおそれの判断（おそれあり） ・自主調査において土壌汚染が判明した場合において土地所有者等が都道府県知事に区域の指定を申請 ↓ 土壌汚染状況調査 ↓ 濃度基準を超過する（濃度基準：旧法の指定基準） 都道府県知事による健康被害のおそれの判断 　おそれあり → 要措置区域 → 都道府県知事による指示措置 → 都道府県知事による措置完了の確認 　おそれなし → 形質変更時要届出区域 （旧法の指定区域） 凡例：旧法＝改正前の土壌汚染対策法／改正点

第2節　アスベスト対策の留意点とその対応

アスベスト規制等の主な経緯

　アスベストとは、繊維状を呈する鉱物で、クリソタイル（白石綿）、アモサイト（茶石綿）、クロシドライト（青石綿）、アンソフィライト、トレモライト、アクチノライトの6種類と定義されている。

　アスベスト含有建材は、安くて加工がしやすく不燃性、耐久性等に優れていたことから、鉄骨の耐火被覆材、機械室や駐車場等の天井・壁の吸音材・結露防止材等の吹付け材や、石綿スレート等の成型品として以前は幅広く使われてきた。しかし、アスベスト繊維の吸引による健康被害が明らかになり、1975年からアスベスト建材の使用等は段階的に規制されて、2006年からは全面的に輸入・製造・使用等が禁止となった。

　2006年に吹付け石綿等の使用を規制する建築基準法改正が行われ、既存建築物における石綿飛散防止対策の推進が図られている。また、同年にはアスベスト調査等について、宅地建物取引の重要事項説明に追加されている（図表76）。

建物環境リスクへの取組みの必要性

　アスベストは、繊維の吸引による健康被害の社会問題化だけでなく、処理に多額の費用と時間がかかるため、不動産の価格形成に大きな影響を与えるリスクとなっている。鑑定評価実務では、吹付け材の施工部位や施工面積等の特定が難しく、吹付け材の使用が確認されてもアスベスト含有の有無が目視だけでは判断できないことや、分析方法の頻繁な改正等が判断を難しくしている。

　2007年、不動産鑑定評価基準の一部が改正されて、証券化対象不動産に係る鑑定評価においてはエンジニアリング・レポートの取得が原則必須となっているが、「有害な物質（アスベスト等）に係る建物環境」に関す

る調査は、エンジニアリング・レポートの活用の場面において土壌汚染や地震リスク、耐震性等に関する調査と並んで「専門性の高い個別的要因に関する調査」と位置付けられ、エンジニアリング・レポートを活用するか否かや、調査の内容、根拠等について鑑定評価報告書に記載することが義務付けられている。

図表76　アスベスト規制等の主な経緯

1972年（S47）	アスベストの有害性についての国際的な知見が確立（ILO、WHOの専門家会合でのがん原性の指摘）
1975年（S50）	アスベスト含有量5％超の吹付け材規制（特定化学物質等障害予防規則）
1980年（S55）	アスベスト含有吹付けロックウール（乾式）の使用中止（業界自主規制）
1987年（S62）	クロシドライトの使用中止（業界自主規制） 学校等における吹付けアスベストが大きな社会問題となり、学校、医療施設等の使用実態調査の実施
1989年（H01）	アスベスト含有吹付けロックウール（湿式）の使用中止（業界自主規制）
1995年（H07）	アモサイト、クロシドライト（有害性の高い石綿）を含有する製品の製造、使用等禁止（労働安全衛生法）
2004年（H16）	クリソタイルなど有害性の低い石綿の含有量1％超の一定の製品（建材等）の製造等の禁止（労働安全衛生法）
2005年（H17）	労働者を就業させる建築物について、アスベスト繊維が飛散するおそれがあるときは除去等の措置を事業者に義務付け（石綿障害予防規則） アスベストの健康被害が社会問題化、官庁施設や民間建築物の使用実態調査等が盛んになる
2006年（H18）	石綿含有製品（含有量0.1％超）の製造、使用等全面禁止（労働安全衛生法）、 主にクリソタイル等の3種類のアスベストが対象のJIS A 1481「建材中のアスベスト含有率測定方法」制定 吹付け石綿及び石綿含有吹付けロックウールの使用規制（建築基準法） アスベスト調査等についての重要事項説明への追加（宅地建物取引業法施行規則）
2007年（H19）	東京都千代田区、建築物解体届出時にアスベストの有無を区が独自調査する全国初の指導要綱を制定、分析に米国EPA法を活用
2008年（H20）	厚生労働省、分析調査の対象を6種類のアスベストとすること等を徹底するよう通達 JIS A 1481改正

社会資本整備審議会アスベスト対策部会資料等を基に筆者作成

分析方法等の頻繁な改正

アスベスト含有量の基準や分析方法は、現在まで、何回か変更されており、現在では図表77に示す基準と分析方法が採用されている。過去の分析結果を参照する際には、分析方法の内容を吟味する必要がある。

図表77　現在のアスベスト含有量の基準と分析方法

アスベスト含有量の基準		重量の0.1％を超えるものを「アスベスト含有」とする 建築基準法第28条の2第2号、平成18年9月29日国土交通省告示第1172号 労働安全衛生法第55条および労働安全衛生法施行令第16条の9号の「有害物質等」 労働安全衛生法第14条、同法施行令第6条23号、石綿障害予防規則第2条の「石綿等」
アスベストの分析方法	建材が分析対象	日本工業規格JIS A 1481「建材製品中のアスベスト含有率測定方法」 　（JIS法） 厚生労働省通達「建材中の石綿含有率の分析方法について」 　（平成18年8月21日基発第0821002号） 厚生労働省通達「建材中の石綿含有率の分析方法に係る留意事項ついて」 　（平成18年8月21日基安化発第0821001号）
	天然鉱物が分析対象	厚生労働省通達「天然鉱物中の石綿含有率の分析方法について」 　（平成18年8月28日基発第0828001号）
		厚生労働省通達「石綿障害予防規則第3条第2項の規定による石綿等の使用の有無の分析調査の徹底等について」（平成20年2月6日基安化発第0206003号）による、6鉱物（クリソタイル、アモサイト、クロシドライト、アクチノライト、アンソフィライト、トレモライト）の測定の厳守

アスベストの健康被害が再度社会問題化して使用実態調査等が盛んになった2005年当時は、アスベスト含有の基準値は重量比で1％であり、認められていた分析方法は「平成8年3月29日基発第188号」「平成17年6月22日基安化発第0622001号」の2つの通達に示された方法だった。

しかし、2006年9月からは重量比0.1％を超えるものが含有とされ、同年3月に制定されていた「JIS A 1481」（JIS法）が新たな分析方法と位置付けられた。既往の分析結果については、分散染色法による定性分析でアスベスト繊維が不検出（0本）の分析結果に限り、不含として扱うことができることとされたが、鑑定評価の実務において、定性分析結果でアスベスト繊維の数が明記された分析報告書を目にすることは余り多くはなく、既往の分析結果がそのまま活用できないケースが少なくなかった。

建材等に使用されたアスベストは、主にクリソタイル等の3種類とされてきたことや、JIS法（2006年）の「適用範囲」において「対象アスベス

トは、主にクリソタイル、アモサイト及びクロシドライトとする」とされていたこと等から、JIS法の分析調査においても、トレモライト等の3種類を対象としていない場合が多かった。しかし、建築物における吹付け材からトレモライト等の検出が相次いだことから、2008年2月に6種類の分析調査の徹底を求める厚生労働省通達が出され、さらに同年6月にはJIS法が改正されている。

　自治体では、海外の分析方法を活用するところもある。建設リサイクル法に基づく建築物解体届出時にアスベストの有無を自治体が独自調査する全国初の指導要綱を制定した東京都千代田区は、JIS法による分析では解体届出から解体開始までの7日間では分析結果が得られないため、米国EPA法による分析を活用している。

　このように、短期間のうちに基準値や分析方法が変わっていることから、アスベスト分析結果の有効性（科学的な有効性の議論があることは承知しているが、ここでは遵法性を判断するうえでの有効性）を確認するためには、分析時期、分析方法、分析対象とされているアスベストの種類（6種類が対象か否か）を確認することが不可欠となっており、さらには、現在有効な基準による分析結果を持っておらず、空気中のアスベスト濃度の測定結果をもって「飛散はない」としているケースも数多く見受けられることから（飛散していなければ使用を継続しても差し支えないため）、不動産評価に際しては留意が必要である。

対策費用の把握と鑑定評価額への反映

アスベストにかかる要因を考慮した鑑定評価を行うためには、アスベストの使用及びその状況を明確にし、対策費用を把握する必要がある。

鑑定評価を行うにあたり、アスベストについて必要となる評価項目は、以下のとおりである。

① アスベスト含有吹付け材の有無及びその状態
② アスベスト含有吹付け材の建物解体時における除去費用
③ 劣化・損傷等により直ちに対策が必要なアスベスト含有建材が現地調査で確認された場合には、その対策費用

アスベスト含有吹付け材の除去費用については、社団法人建築業協会が集計分析した調査結果を国土交通省が公表しており、処理費用（1㎡当たり単価）の目安としてはおおよそ図表78のとおりである。

図表78 アスベスト含有吹付け材の処理費用

アスベスト処理面積	アスベスト処理費用単価
300㎡以下の場合	20,000〜85,000円/㎡
300〜1,000㎡の場合	15,000〜45,000円/㎡
1,000㎡以上の場合	10,000〜30,000円/㎡

・アスベスト処理費用単価は仮設、除去、廃棄物処理費用を含む。
・アスベストの処理費用は状況により大幅な違いがある（部屋の形状、天井高さ、固定機器の有無など、施工条件により、工事着工前準備作業・仮設などの程度が大きく異なり、処理費に大きな幅が発生する）。
・特にアスベスト処理面積300㎡以下の場合は、処理面積が小さいだけに費用の目安の幅が非常に大きくなっている。
・上記処理費用の目安については、別紙施工実績データから処理件数上下15％をカットしたものであり、施工条件によっては、この値の幅を大幅に上回ったり、下回ったりする場合もあり得る。

「石綿（アスベスト）除去に関する費用について（平成20年4月25日）」（国土交通省）を基に作成

この結果の活用にあたっては、アスベストの処理費用は部屋の形状、天井高さ、固定機器の有無や耐火被覆の復旧の要否など、施工条件により、工事着工前準備作業・仮設などの程度が大きく異なり、処理費用に大きな幅が発生し、特に処理面積が小さい場合は費用（単価）の目安の幅が非常に大きくなっていることに留意する必要がある。また、使用箇所（直接見えない部分に多用されている）及び使用量（床面積ではなく施工面積で把握する必要がある）の把握自体が難しいことから、費用は案件ごとの個別性を踏まえて把握している。

　こうして把握したアスベストの使用の有無、状態や対策費用は、価格時点において、除去など何らかの対策が必要であるものについてはその実額を、建物取壊し時に除去費用がかかるものについては、その割引現在価値（取壊しが最有効使用である場合には実額）を反映した鑑定評価額を求める。

第3節　資産除去債務に関する会計基準への対応

資産除去債務に関する会計基準の適用

　有形固定資産の除去に関する将来の負担を財務諸表に反映することが投資情報に役立つという指摘や、我が国の会計基準と国際会計基準とのコンバージェンス（収斂）から、2008年3月31日に企業会計基準委員会（ASBJ）より「資産除去債務に関する企業会計基準」（企業会計基準第18号）及び「資産除去債務に関する企業会計基準の適用指針」（企業会計基準適用指針第21号）が公表され、2010年4月1日以降に開始する事業年度から適用されている。

　「資産除去債務」とは、有形固定資産を除去するときに法令や契約等で要求される避けられない義務をいい、有形固定資産の除去そのものは義務でなくても、有形固定資産を除去する際に当該有形固定資産に使用されている有害物質等を法律等の要求による特別の方法で除去するという義務も含まれる。

　資産除去債務の会計処理は、図表79に示すように、除去時に要求される義務に係る支出を合理的に見積もり（将来キャッシュフロー）、現在価値に割り引いた金額（割引価値）を資産除去債務として負債計上し、その同額を除去費用として当該有形固定資産の帳簿価額に加えて、減価償却を通じて費用配分するとともに、現在価値と割引前の将来キャッシュフローとの差額を時の経過による調整額として費用計上する（資産・負債の両建て方式）。したがって、資産除去債務の計上にあたっては、有形固定資産（減価償却資産）との一体性が重視される。

　不動産に関連する資産除去債務については、法令、借地契約、及び借家契約に基づく原状回復義務として要求されている建物や工作物の解体が当該債務に該当するほか、有形固定資産を除去する際に当該有形固定資産に使用されている有害物質等を法律等の要求による特別の方法で除去するという義務も資産除去債務に含まれることから、建物や工作物に関係する土

壌汚染やアスベストが存在していれば、先にも述べたように、不動産評価において、「環境リスク」として認識されている土壌汚染対策やアスベスト対策も資産除去債務として会計処理する必要が生じる場合がある。なお、このような場合において、建物や工作物の解体が法令や契約によって義務として要求されていなければ、土壌汚染対策やアスベスト対策のみが資産除去債務に該当することに留意する必要がある。

　資産除去債務に関する会計基準の適用においては、資産除去債務の発生時の特定や、将来キャッシュ・フローの合理的な見積もり方法について、状況に応じた判断や詳細な解釈が求められるが、今後、企業活動の中で潜在していた環境への負荷を債務として顕在化し、的確に表示することが企業価値の向上の一環として求められる。

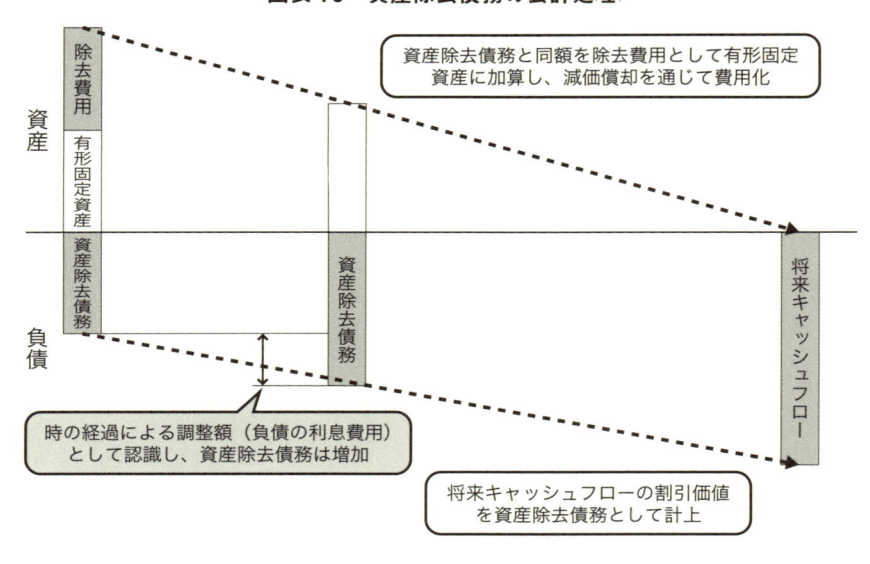

図表79　資産除去債務の会計処理

（図：資産除去債務の会計処理の概念図）

- 資産除去債務と同額を除去費用として有形固定資産に加算し、減価償却を通じて費用化
- 時の経過による調整額（負債の利息費用）として認識し、資産除去債務は増加
- 将来キャッシュフローの割引価値を資産除去債務として計上

資産除去債務と土壌汚染

　土壌汚染は減価償却資産でない土地に関係するものであるが、資産除去債務の会計基準では、当該債務を有形固定資産の取得、建設、開発または通常の使用によって生じるものとしていることから、土地の汚染除去の義務が通常の使用によって生じた場合で、それが当該土地に建てられている建物や構築物等の資産除去債務と考えられるときには、本会計基準の対象となる。

　したがって、土壌汚染対策法による土壌汚染に関する義務等のうち、
① 有害物質使用特定施設の解体を伴う廃止時の調査義務
② 一定規模以上（3,000㎡以上）の建築物や施設等の解体時に、都道府県知事によって、土壌汚染のおそれが認められた場合の調査命令
③ 要措置区域に指定されたときの指示措置
の3つが資産除去債務に該当するものと考えられる。

　①及び②の調査義務及び調査命令については、土壌汚染状況調査に係る費用を合理的に見積もり、資産除去債務として計上する必要がある。

　③の指示措置については、区域の指定及び措置の指示は、土壌汚染の状態や土地利用状況・地下水飲用状況より都道府県知事が行うこととされているため、指定及び指示の内容が明らかとなった時点で引当金計上の対象となる場合も考えられる。

資産除去債務とアスベスト

　アスベストの大部分が建材として建物等に使用されていること、アスベスト含有建材のうち、飛散性が著しく高い（吹付け材）または高いもの（断熱材、保温材等）については、廃棄物処理法によって、その廃棄物を特別管理産業廃棄物として取り扱うことが要求されること、及びアスベスト含有建材の除去作業には、「石綿障害予防規則」などの法令によって、資格や作業計画等の届出が必要とされ、作業基準の厳守も要求されることから、アスベスト含有建材を使用する建物等の解体時に発生する、アスベストの除去及び処分は資産除去債務に該当すると考えられる。

資産除去債務の会計処理の対象となるアスベスト含有建材の除去工事費用には、除去作業の費用のほか、廃棄物の処分費用も含まれる。

　吹付け材の場合、吹付け面積が確認されていれば、会計基準適用指針にあるように、平均的な処理作業に対する価格の見積りとして、国土交通省から公表されている単価等を参考にすることも可能である。しかし、これらの単価は、保温材や断熱材、スレートやタイルなどの成形板のように、吹付け材以外の建材でアスベストを含有しているものは対象としておらず、また、アスベスト含有建材の使用部位によっては、除去にかかる準備や作業内容が、平均的な処理作業より多大なものとなる場合もある。したがって、アスベスト含有建材の除去工事費用の見積りにあたっては、アスベスト含有建材の有無の確認におけるスクリーニングやサンプリング調査も含め、専門業者（石綿作業主任者やアスベスト診断士などの資格を有する業者）に依頼する場合が考えられる。一方、このような方法のほか、過去において類似の資産について発生した除去費用の実績との比較で見積もる方法も、合理的な見積りの範囲内であると考えられる。

コラム

原状回復について

　借地契約や借家契約において、特に契約期間の定めがある場合、契約終了時に原状回復として建物等撤去義務または造作物撤去義務が規定されている場合がある。この場合、当該撤去が資産除去債務に該当し、撤去対象の建物等や造作物にアスベスト含有建材が使用されていれば、撤去費用に加えアスベスト含有建材の除去工事費用も資産除去債務として計上する必要がある。

　また、借地上に建物等を建築・利用して土壌汚染が判明した際の土壌汚染浄化義務が原状回復義務に含まれている場合には、当該浄化費用を資産除去債務として計上する必要がある。

　法律として規定されている原状回復義務については、鉱山保安法や採石法による原状回復義務（採掘跡地の埋め戻し、植栽、鉱害防止対策、設備解体撤去等）のほか、電気事業や電気通信事業等の公共性の高い事業に供する土地や建物、工作物等の使用が終了したときや、道路、都市公園、空港施設等の公共的施設の使用が終了したときに要求される場合がある（電気通信事業法、都市公園法、道路法等で規定される原状回復義務）。

第4章

環境不動産評価に向けた提言

第1節　地球環境に配慮した不動産の鑑定評価

地球環境に配慮した不動産への期待

　低炭素社会構築に向けた温室効果ガス削減の動きが活発になり、省エネ法等の報告対象者の拡大、温室効果ガスの総量削減義務・排出量取引制度の導入（東京都）、マンション広告への環境性能表示の義務付け（東京都など）、不動産の売買、賃貸等の相手方への省エネルギー性能評価書の交付義務付け（東京都）など、新たな規制が進んでいる。
　建物の環境性能評価の整備も進み、自治体でのCASBEEの活用も進んでいる。
　オフィスビルの運用をみると、空調設定温度・湿度の緩和、不要照明の消灯など、投資不要の運用改善が中心ではあるが、省エネへの動きがみられる。
　東京都が省エネルギー性能評価書のポイントとして紹介している事項（図表80）のように、環境性能が高い不動産への期待がストレートに表現されたものも、多くみられるようになった。

図表80　省エネルギー性能評価書のポイント

- ビルごとの省エネルギー性能の違いや、省エネルギー対策の採用状況の違いが一目で分かります。
- 省エネルギー性能の評価は、光熱費の違いに影響します。また、室内での快適性や生産性等にも影響することが知られています。
- 省エネルギー性能の高いビルは、建物の資産価値や所有または入居する企業等のブランド力を高めることが期待されます。

東京都環境局ウェブサイトより

まちづくりの条件として、環境に配慮した住宅や商業施設の建設を誘導する先駆的な開発も、全国でいくつかみられる。

また、今後予想される光熱費の増加と排出量取引制度が不動産価格へ与える影響を試算したところ、将来見込まれるリスクによって還元利回りが0.2％程度上昇（＝不動産価格が下落）する可能性があることも判明している。

このように、地球環境に配慮した不動産への期待が高まりつつあるなかで、日本サステナブル建築協会（JSBC）では、CASBEE（建築環境総合性能評価システム）を不動産評価に活用する検討を行った結果、2009年12月には「CASBEE不動産評価活用マニュアル2009年版」が出された。

不動産市場の認識と鑑定評価

一方で、環境性能（とくに環境負荷）についての不動産市場の認識が高くはないということも我々の調査で明らかになっている。

鑑定評価によって求める価格とは、「現実の社会経済情勢の下」を前提とした「市場価値」を表示するものである（図表81）。

図表81　鑑定評価によって求める価格

- 市場性を有する不動産について、現実の社会経済情勢の下で合理的と考えられる条件を満たす市場で形成されるであろう市場価値を表示する適正な価格（正常価格）

- 現実の社会経済情勢の下：経済の動向、不動産の需給動向、不動産に関する法制度や税制、不動産に関する取引慣行、市場参加者の価値観等を与件として扱い、これらの一部を捨象したり理想的な条件に置き換えたりしない

現時点の鑑定評価ベースでは、不動産が地球環境に配慮しているということが、不動産の価格や賃料へ影響しているようにはみえない。
　しかし、今後は、温室効果ガスの規制動向、不動産の取引慣行の変化、企業の環境配慮に対する取組みなどによる不動産の価格形成要因の変動を注視しつつ、環境性能に着目した不動産評価に取り組む必要があるだろう。

コラム

公園緑地がオフィスビルの不動産価値に与える影響

　公園緑地の不動産価値に与える影響は、これまで住宅地を中心に研究がなされており、住宅地の地価、マンション分譲価格への帰着が数多くの研究事例の中で確認されている。

　しかしながら、大都市の都心にあって、比較的大規模な中高層の事務所等が高密度に集積している高度商業地域において、公園緑地がオフィスビルの不動産価値に与える影響等についての研究はみられない。これは、住宅地域の地域要因が快適性に着目して考察されるのに対して、商業地域では収益性に着眼点がおかれることにあると考えられる。

　公園緑地が、オフィスビルの価値形成に与える影響について、公園緑地隣接地のビルオーナー及び建築設計者のそれぞれにインタビュー調査を実施した（図表82）。一定規模の公園緑地であれば、当該公園の借景・眺望によって、隣接するオフィスビルにおいては、競合物件との差別化が図られ、少なくとも稼働率に影響が及ぶものと推察される。今後は、オフィスビルの評価において、公園緑地の眺望等による効用を陽表的に明示していくことが、高度商業地域の緑化の醸成に必要と思われる。

　なお、東京都都市整備局は、2010年4月26日付けで「東京都総合設計許可要綱」の改正を発表した（9月1日施行）。今後は、公開空地による割増容積率の算定にあたって、公開空地の質として、周辺のみどりとの連続性等が新たに評価されるようになる。

第4章　環境不動産評価に向けた提言

図表82　公園緑地がオフィスビルの不動産価値に与える影響（インタビュー調査結果）

	オーナーの評価の言葉	設計者の評価の言葉	主たる要素因果図
上位評価（一般）	■公園の借景 ■複数路線の駅と公園の借景のある土地は稀少性が高い。 ■災害時の避難場所となり、安心できる。 ■休憩時にはリラックスできる。 ■会社イメージの向上	■公園の眺望 ■公園を意識した建築設計 ■競合物件との差別化 ■緑地のボリュームと距離により、眺望の楽しみ方が異なる（遠景と近景）。 ■皇居の眺望のステイタス ■皇居が見えることが移転理由とするテナントあり ■リフレッシュ効果がある ■賑わいの創出が期待できる。 ■有名な公園はセキュリティが高い ■公園のブランドの利用 ■賃料への影響は分からないが、稼働率（空室率）に影響が出る。 ■不動産価値の向上	交通条件（複数路線駅）→土地の稀少性 公園緑地の眺望→競合物件に対する競争力 →建築計画に反映 →会社イメージの向上 →不動産価値の向上
下位評価（個別）	■都内で今後同じような土地が出るとは思わない。 ■高層階の見上げる景色も良いが、中層・低層階の景色も良い。 ■中層・低層階では、緑が自然に目に入ってくる（俯瞰なし）。 ■公園に隣接することで、借景を独占できる。 ■正面に建物が今後将来にわたって建てられることはない。 ■賃貸借契約時には、有利な交渉ができる。 ■Sクラスビルとして、基準階面積を1,000㎡とし、かつ、ワイドビューとするため天井高を有効高さ3mを確保している。	■順光による北側眺望の良さ ■北側の眺望の良いところに役員室を配置している。 ■公園緑地が正面にあることで前面に視界を遮る建物は建たない。 ■公園の眺望を活かすため、天井高を3m確保する計画 ■ワイドビューとする計画のもと、腰壁を通常の80cmから40cmとした。 ■住宅棟のある方位にコアを配置する計画	公園緑地隣接地の建物 天井高　腰壁高　コア配置 ワイドビュー設計 高層階　中層階　低層階 俯瞰あり　俯瞰なし 眺望による効用増加→永続性

第2節　森林のCO2吸収・固定量に着目した森林評価

　森林のCO2吸収・固定量に着目した森林評価を、不動産鑑定評価の収益還元法の考え方を参考に検討したところ、森林評価額が高くなる場合があることが確認された。

　不動産鑑定評価手法は、費用性に着目して求める原価法、市場性に着目して求める取引事例比較法、収益性に着目して求める収益還元法の3手法がある。

　現実的には林地を造成により調達することはできないこと、森林のCO2吸収・固定量に着目した森林の取引市場は未成熟であることから、収益性に着目したアプローチを行った（図表83）。

図表 83　日本不動産研究所　森林評価システム（1）

(研究開発中)

- 評価方法は、不動産鑑定評価手法（または準じた方法）の考え方によること（不動産鑑定評価書ではない）
- ＣＯ２吸収（固定）量に着目した取引が慣行化していないので、取引事例比較法は適用できない。
- 林地の再調達原価の把握が困難であり、原価法の適用ができない。
- その結果、収益的なアプローチとなる。

⇒客観的、合理的な評価の考え方及びデータに基づいた信頼が高い評価額であること

山林は長期間にわたる施業の成果として伐期に収益が発生するものであり、投資用不動産のように毎期の純収益に着目する不動産ではないが、CO_2吸収量の寄与度をみるために、DCF法による収益価格を求める手法を参考に検討することとした。

毎期の純収益（収入から費用を控除したもの）の現在価値の合計に復帰価値（保有期間の満了時点における対象不動産の価格）の現在価値を加えたものが、DCF法による収益価格である（図表84）。

図表84　日本不動産研究所　森林評価システム（2）

（研究開発中）

	年	1年	2年	3年	4年	・・・	n年
収入	①CO_2吸収量に基づくＣＦ	a1	a2	a3	a4	・・・	an
	②間伐材売却収入	b1	b2	b3	b4	・・・	bn
	③補助金	c1	c2	c3	c4	・・・	cn
	④総収入（Σ①〜③）	a1+b1+c1	a2+b2+c2	a3+b3+c3	a4+b4+c4	・・・	an+bn+cn
費用	⑤間伐費用	d1	d2	d3	d4	・・・	dn
	⑥育林費用	e1	e2	e3	e4	・・・	en
	⑦総費用（Σ⑤・⑥）	d1+e1	d2+e2	d3+e3	d4+e4	・・・	dn+en
純収益	⑧純収益（④−⑦）	⑧1=a1+b1+c1−(d1+e1)	⑧2=a2+b2+c2−(d2+e2)	⑧3=a3+b3+c3−(d3+e3)	⑧4=a4+b4+c4−(d4+e4)		⑧n=an+bn+cn−(dn+en)
	⑨総収益現在価値額	⑧1/(1+Y)	⑧2/(1+Y)^2	⑧3/(1+Y)^3	⑧4/(1+Y)^4		⑧n/(1+Y)^n
	⑩総収益現在価値累計額					・・・	

このように求めた純収益の現在価値の合計に復帰価値の現在価値を加えて価格を求める。

今回は、以下のようなモデル森林を想定して、DCF法による収益価格を求める手法を参考にした価格の検討を行った（図表85）。

図表85　モデル森林

```
面    積    5ha（所有単位ではなく森林管理のプロジェクト単位）
樹    種    杉
施業期間    50年間
林    齢    40年生（保有期間当初）
保有期間    10年間（施業期間の41年目から50年目まで）
間伐回数    保有期間内に2回（5年毎）
間伐費用    林家負担3割（残り7割は補助金）
復帰価値    保有期間満了時点の立木と林地の価格（皆伐して売却）

林地価格、素材価格、素材生産費、運搬費、補助金は各種統計等に
基づいて全国の平均的な水準を想定
```

図表85のモデル森林のように比較的条件の整ったケースにおいては、間伐を実施すると補助金と間伐収入によって間伐費用を賄うことができ、CO_2吸収・固定量に基づく収入も見込めることから、森林のCO_2吸収・固定量を考慮した森林評価額がCO_2吸収・固定量を考慮しない場合に比べて約2割高くなることが確認された。

このような森林評価の信頼性を高めるためには、確実かつ継続的に森林管理が実施される森林を評価対象とすることと、確実性の高いCO_2価格を計上することが必要である。そのためには、J-VER制度などによる認証を受けた森林を評価対象とすることや、国内外におけるCO_2取引価格及びCO_2を1t削減するのに必要な費用（限界費用）を適切に把握・分析することが必要となる。

今後、確実かつ継続的に森林管理が実施される森林が増えるとともに、CO_2の取引市場が成熟するようになれば、森林のCO_2吸収・固定量は森林に新たな価値をもたらすものとして注目されるようになるだろう。

第3節　環境リスクを考慮した不動産の鑑定評価

改正土壌汚染対策法の不動産鑑定評価への影響

　これまでの土壌汚染対策では、汚染土壌を場外に搬出して汚染されていない別の土壌で埋め戻す「掘削除去」が際だって多く採用されたが、2010年4月の改正土壌汚染対策法の施行により、これからは、「覆土」や「封じ込め」など汚染土壌の搬出を伴わない対策（汚染土壌を対象地に残す対策）が増えると言われている。したがって、汚染が確認された土地の減価についても、対策費用の高い掘削除去を前提とした減価から、対策費用の安い他の対策を前提とした減価になり、従来ほど大きな減価にはならないのではないかという見方もある。

　第1節の繰り返しになるが、鑑定評価によって求める価格とは、「現実の社会経済情勢の下」を前提とした「市場価値」を表示するものである（図表81）。環境リスクを考慮した不動産の鑑定評価に、土壌汚染対策法が関係することは確かであるが、土壌汚染対策法改正による市場価値への影響は、どうみればよいだろうか。

　ポイントは、「不動産市場では、どの程度の土壌汚染対策を前提に不動産売買が進むのか」ということである。これまでの土壌汚染対策法でも必ずしも義務付けられていなかった「掘削除去」をあえて選択してきた不動産市場が、汚染土壌の搬出を伴わない対策に重きを置いた改正土壌汚染対策法の影響をどのように受けるかを、注意深く観察する必要がある。買い手と売り手のどちらが強い市場であるか等によっても、影響は異なるだろう。

　今回の土壌汚染対策法改正により、一定規模（3,000㎡以上）の土地の形質変更時の調査が増加して、区域指定を受ける土地も増えることになる。区域指定は、従来の「指定区域」から、汚染の除去等の措置の必要に応じて「要措置区域」「形質変更時要届出区域」に細分化される。「形質変更時要届出区域」については汚染の除去等の措置が不要であることがより明確

になったが、従来は「指定区域」の指定が解除されるレベルの掘削除去が多く選ばれてきたことを考えると、区域指定はできれば避けたいという意識は変わらないのではないかとも考えられる。この点についても、市場動向の注意深い観察が必要である。

なお、中長期的には、次に記すような法改正による土壌汚染対策のあり方に影響を受けることが予想される。

今後の土壌汚染対策のあり方

今後の土壌汚染対策のあり方については、合理的なリスク評価と、それに基づく対策が要求されることになると考えられる。

土壌汚染は人の健康や生活環境に影響を与えるものであること、評価や対策は時間的・経済的負担を伴うこと、そして、これらの影響や負担により不安感が増幅される傾向にあることを踏まえると、土壌汚染のリスク評価は重要であり、リスク評価の範囲・対象、リスク評価に至る論理と整合性、評価の確からしさ（推測の条件や範囲、証拠の確からしさによる不確実性の程度）を明確にすること、つまり「土壌汚染の有無及びその状態」を明確にすることが必要である。

また、区域指定が2つに分かれ、適切な管理の重要性が増してくる。形質変更時要届出区域は、土壌汚染対策の必要がなく対策に係る負担の軽減が期待されるが、土地の形質変更時の都道府県知事への届出義務や施工方法の変更命令の可能性があり、汚染土壌の適切な管理が求められる。

このように、土壌汚染対策は管理が重視される傾向にあり、汚染物質のモニタリングや原位置浄化技術(汚染土壌が存在する場所で浄化する技術)など、土壌中に存在する汚染物質の挙動を管理する技術の向上、特に、管理の予測性の向上または定量化が求められる。また、関係当事者や社会との双方向のリスクコミュニケーションを通じた土壌汚染に関する情報の適切な伝達も合理的な対応の重要な要素であり、各分野の専門家と社会との共同作業が必要不可欠である。

環境リスクの顕在化

　資産除去債務の計上や、金融機関の担保評価における環境リスクを減価する動きなど、土壌汚染だけでなくアスベストやPCBなどの環境リスクに関する動きにも注目する必要がある。

　不動産所有者は、不動産に潜在する環境リスクを顕在化させて、環境リスクの有無及びその状態を把握して、さらに、事業収益や財務状況等に与える影響を検討したうえで、保有不動産と売却不動産の選別などを進めていく必要がある。

> 参考資料

東京都の温室効果ガス排出総量削減義務と排出量取引制度の概要

東京都の温室効果ガス排出総量削減義務は、燃料、熱及び電気の使用量が原油換算で年間1,500kl以上の事業所が対象となる。このうち、前年度の使用量が年間1,500kl以上の事業所を「指定地球温暖化対策事業所」、3か年度連続して使用量が年間1,500kl以上の事業所を「特定地球温暖化対策事業所」という。

義務を負うのは原則として事業所の所有者であるが、大規模設備改修を実施する権限を有している事業者、区分所有物件における管理組合法人、アセットマネジャー、要件を満たすテナント事業者等が東京都に届け出た場合には、所有者に代わって、または所有者と共同で義務を負うことが可能である。

それぞれの事業所が義務付けられる事項は図表86のとおりである。指定地球温暖化対策事業所は、排出総量削減義務を負わない。

図表86　地球温暖化対策事業所の種類と義務

	"指定"地球温暖化対策事業所	"特定"地球温暖化対策事業所
温室効果ガス排出量の把握	○	○
地球温暖化対策計画書の作成・提出・公表	○	○
統轄管理者の選任・技術管理者の選任	○	○
テナント等事業者との協力推進体制の整備	○	○
排出総量の削減義務	×	○

温室効果ガス排出量の「報告対象となるガス」及び「総量削減義務の対象となるガス」は、図表87のとおりである。

figure 87　報告対象・削減対象の温室効果ガス排出量

		温室効果ガス排出量の報告対象	総量削減義務の対象
エネルギー起源CO2	電気の使用		
	都市ガスの使用		
	重油の使用		
	熱供給事業者から供給された熱の使用		
	その他エネルギーの使用		
非エネルギー起源、その他CO2	水の使用、下水への排水等		
CO2以外のガス	重油などボイラーの燃料燃焼に伴い付随的に発生するメタンやN2O等		

削減計画期間は5年間で、第1計画期間（2010〜2014年度）の削減義務率は、オフィスビル等（オフィスビル、官公庁庁舎、商業施設、宿泊施設、教育施設、医療施設等）のうち、地域冷暖房等のエネルギーを20％以上の割合で利用している事業所が基準排出量の6％で、ほかのオフィスビル等と地域冷暖房施設が同8％、その他の事業所等（工場、上下水施設、廃棄物処理施設等）が同6％である。トップレベル事業所または準トップレベル事業所に認められた事業所は、削減義務率が2分の1または4分の3に軽減される。

基準排出量は、削減義務量の算定するベースとなる排出量で、原則として、2002〜2007年度までのいずれか連続する3か年度の平均で算定する。

5年間の削減義務の履行確認は、6年目（第1計画期間の場合は2015年度）に実施される。

削減義務履行に向けた状況を確認するため、対象事業所は、前年度の温室効果ガス排出量を登録検証機関の検証結果を添えて毎年度報告する。

総量削減義務の履行手段には、自らで削減と排出量取引があり、自らで削減する場合は、効率的なエネルギー消費設備・機器への更新や運用対策の推進等により削減する。排出量取引には、超過削減量、都内中小クレジ

ット（都内削減量）、再エネクレジット、都外クレジットの4つの手段がある（図表88〜91）。

図表88　超過排出量

①事業所間での直接取引

A ⇔ B

②省エネ事業者等の仲介による取引

図表89　都内中小クレジット

・同会社・グループ会社内での取引、他企業との取引

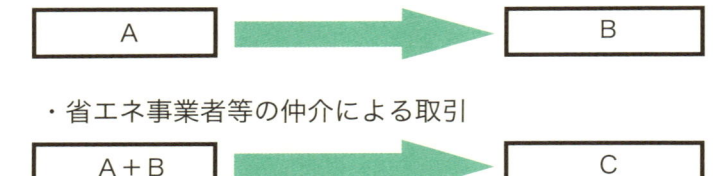

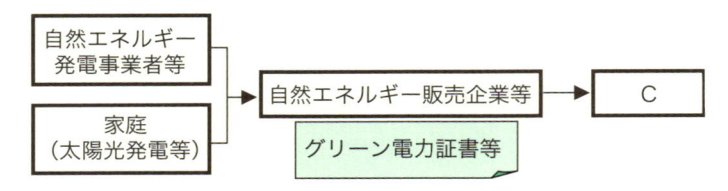

A → B

・省エネ事業者等の仲介による取引

A＋B → C

図表90　再エネクレジット

自然エネルギー発電事業者等／家庭（太陽光発電等） → 自然エネルギー販売企業等（グリーン電力証書等） → C

超過排出量（図表88）は、削減義務期間の終了前でも、各年度において削減義務量の一定割合を超える削減実績をあげた事業者は、基準排出量の2分の1を超えない範囲でその削減実績の売却が可能である。

　再エネクレジット（図表90）は、グリーンエネルギー証書、RPS法新エネルギー等電気相当量や託送によるグリーン電力など、東京都が認定するものを取引する。

　超過排出量、都内中小クレジット、再エネクレジットの買い手は、必要な量を制限なく削減義務に利用することができる。

図表91　都外クレジット

・同会社・グループ会社内での取引等

| A | → | B |

　都外クレジット（図表91）は、計画的な省エネ投資を全国的に進める企業における対策の効率性を考慮し、都の制度の対象事業所と同等規模の都外事業所における省エネ対策による削減量の利用を、都内での削減義務を損なわない範囲で可能とするものである（都外の中小規模事業所は当面対象外）。

　都外クレジットは、基準年度のエネルギー使用量が原油換算で1,500kl以上で、基準排出量が15万トン以下である場合に、削減義務量の3分の1を上限として利用できる。なお、都外クレジットの発行には、現地での検証作業が必要である。

　排出量の取引や償却は、事業所ごとに削減量口座簿へ記録する。口座には、指定地球温暖化対策事業所ごとに開設が義務付けられる「指定管理口座」と、取引参加者が開設する「一般管理口座」がある。

　なお、第1計画期間中に取得した削減量は、第2計画期間終了まではバンキング（繰越し）ができるが、第3計画期間には繰り越せない。

用語索引

【アルファベット順】

ASBJ ………………………………… 117

CASBEE ……… 16, 28, 35, 62, 65, 123

CDM ………………………………… 55

COP10 ……………………………… 89

COP15 ……………………………… 11

CRE …………………………… 59, 96

CSR …………… 12, 53, 56, 57, 59, 93

CVM ………………………………… 45

ESCO ………………………………… 16

HEMS・BEMS ……………………… 17

ICAP ………………………………… 25

J-VER（制度）………… 24, 49, 92, 128

JVETS ……………………………… 25

PCB ………………………………… 131

PRE ………………………………… 59

SRI …………………………… 53, 58

WTP ………………………………… 45

【50音順】

あ行

アスベスト ……………………… 111, 119

石綿障害予防規則 ………………… 119

オフセット・クレジット（J-VER）制度
………………………………… 24, 92

温室効果ガス排出量 …… 9, 11, 22, 132

温情効果 …………………………… 47

か行

カーボン・オフセット …………… 23, 93

概算浄化費用 ……………………… 105

環境配慮型不動産 ………………… 26, 41

間伐促進型プロジェクト ………… 24

企業会計基準委員会 ……………… 117

気候変動枠組条約 ………………… 11

京都議定書 ………………… 11, 16, 22

掘削除去 …………………… 97, 129

グラーゼル法 ……………………… 85

形質変更時要届出区域 ……… 109, 129

建築環境総合性能評価システム
………………………… 16, 62, 123

136

建築物環境計画書制度……………65, 68
国際炭素行動パートナーシップ……25
コペンハーゲン合意………………11

東京都の環境確保条例……………19, 25
土壌汚染………………96, 100, 119, 130
土壌汚染対策法…97, 100, 109, 119, 129
土壌汚染リスク……………102, 105, 106

さ行

最大支払い意思額…………………45
山元立木価格…………………81, 85
山林素地価格………………………78
山林立木価格………………………78
資産除去債務………………………117
持続可能な森林経営促進型プロジェクト
　　　………………………………24
自治体版CASBEE …………………65
住宅性能表示………………………20
省エネルギー性能評価書………21, 122
省エネルギー法………………16, 19
森林評価システム…………………126
スティグマ……………………99, 107
生物多様性条約……………………89

は行

排出量取引………………25, 53, 70
ビルエネルギー運用管理ガイドライン…59
封じ込め……………………97, 129
覆土…………………………97, 129
ブラウン・フィールド問題…………109

ま行

マンション環境性能表示……………20
モデル森林…………………………128
もらい汚染…………………………101

や行

要措置区域……………109, 119, 129

た行

ダイオキシン類対策特別措置法……99
地球温暖化対策基本法案……………17
地球温暖化対策推進法………………16
デュー・ディリジェンス……………8

ら行

立木評価……………………………83
林家…………………………………77
林業採算性…………………………86
林地評価……………………………83

監修者・執筆者一覧

監修　小林　信夫　　特定事業部長
　　　　　　　　　　不動産鑑定士

執筆　内田　輝明　　特定事業部 環境プロジェクト室 主任研究員
　　　　　　　　　　土壌環境リスク管理者、アスベスト診断士、
　　　　　　　　　　認定ファシリティマネジャー

　　　森山　賢二　　審査部 鑑定役
　　　　　　　　　　不動産鑑定士

　　　小松　広明　　コンサルタント部 主任鑑定役
　　　　　　　　　　不動産鑑定士、技術士（建設部門）

　　　松岡　利哉　　研究部 次長
　　　　　　　　　　不動産鑑定士、林業技士（森林評価）

　　　湯城　　誠　　東海支社 次長 兼 特定事業部 部長付
　　　　　　　　　　不動産鑑定士、再開発プランナー

　　　平　　倫明　　特定事業部 環境プロジェクト室長

　　　廣田　善夫　　特定事業部 環境プロジェクト室 参事
　　　　　　　　　　土壌環境監理士
　　（執筆順）

環境不動産入門
<small>かんきょう ふ どうさんにゅうもん</small>

2010年7月6日　初版発行

編　著　㈶日本不動産研究所
発行者　中野　博義
発行所　㈱住宅新報社

編 集 部　〒105-0003　東京都港区西新橋1-4-9（TAMビル）
（本　社）　　　　　　　　　　　　電話（03）3504-0361
出版販売部　〒105-0003　東京都港区西新橋1-4-9（TAMビル）
　　　　　　　　　　　　　　　　　電話（03）3502-4151
　　　　　　　　　　　　　　http://www.jutaku-s.com/

大阪支社　〒530-0005　大阪市北区中之島3-2-4（大阪朝日ビル）電話（06）6202-8541（代）

印刷・製本／（株）広英社　　　　　　　　　　　　　　　Printed in Japan
落丁本・乱丁本はお取り替えいたします。　　　ISBN978-4-7892-3272-2　C2030